Nimet Şeker

Die Fotografie im Osmanischen Reich

ARBEITSMATERIALIEN ZUM ORIENT

herausgegeben von

Werner Ende, Erika Glassen,
Jens Peter Laut, Ulrich Rebstock,
Maurus Reinkowski

Band 21

ERGON VERLAG

Nimet Şeker

Die Fotografie im Osmanischen Reich

ERGON VERLAG

Die Publikation dieser Arbeit wird gefördert durch die Sawasya gGmbH – Eine Agentur zum besseren Verständnis des Fremden.

Umschlagabbildung: Türkische Dame mit Fächer und Blumen. Studiofotografie, Abdullah Frères, Istanbul um 1890.

Bibliografische Information der Deutschen Nationalbibliothek
Die Deutsche Nationalbibliothek verzeichnet diese Publikation in der Deutschen Nationalbibliografie; detaillierte bibliografische Daten sind im Internet über http://dnb.d-nb.de abrufbar.

Bibliographic information published by the Deutsche Nationalbibliothek
The Deutsche Nationalbibliothek lists this publication in the Deutsche Nationalbibliografie; detailed bibliographic data are available in the Internet at http://dnb.d-nb.de.

Umschlaggestaltung: Jan von Hugo
Satz: Thomas Breier, Ergon Verlag

www.ergon-verlag.de

ISSN 1436-8072
ISBN 978-3-89913-739-2

Vorwort

Als ich im März 2006 die vorliegende Arbeit als Magisterabschlussarbeit an der Philosophischen Fakultät der Universität zu Köln einreichte, war der „Karikaturenstreit" in den Medien hoch aktuell. Zu meiner Überraschung wurden die heftigen, ja aggressiven Reaktionen auf die dänischen Karikaturen in den westlichen Medien mit dem islamischen „Bilderverbot" begründet und nicht mit dem für viele offensichtlich beleidigenden Charakter dieser Darstellungen. Doch schon bei den Recherchen zu meiner Magisterarbeit wurde mir klar, dass das Thema „Bilderverbot" in der westlichen Perzeption einen ganz anderen Stellenwert hatte und hat als in der islamischen Welt. Heute leben wir in einer Zeit, in der figurative Abbildungen in der islamischen Welt überall vorzufinden sind – eine Entwicklung, die mit der Entdeckung der Fotografie eingeleitet wurde.

Das vorliegende Buch ist die überarbeitete Fassung dieser Magisterarbeit. Ich möchte an dieser Stelle Prof. Dr. Monika Gronke danken, die die Arbeit betreut und mich ermutigt hat, sie publizieren zu lassen. Mein Dank gilt auch Prof. Dr. Jens Peter Laut und Prof. Dr. Klaus Röhrborn (beide Göttingen) für die Korrekturen der Transkriptionen des Osmanischen. Die alleinige Verantwortung für Text und Übersetzung liegt natürlich bei mir. Den Herausgebern der Reihe „Arbeitsmaterialien zum Orient" danke ich für die Aufnahme meiner Arbeit.

Sehr herzlichen Dank auch an Charlotte Wiedemann von der Initiative Sawasya gGmbH, die die Publikation dieser Arbeit finanziell unterstützt hat.

Köln, Oktober 2009 Nimet Şeker

Inhaltsverzeichnis

1. Einleitung ... 9

2. Das „Bilderverbot“ ... 11

2.1 Das Bilderverbot im Islam ... 13

3. Das Bilderverbot und die Fotografie in islamischen Rechtsgutachten ... 21

3.1 Šayḫ Qandīl Qandīl und Šayḫ ʿAbd as-Salām Šaraf: „an-Naẓar ilā ṣ-ṣuwar“ (1354/1936) ... 21

3.2 Šayḫ Yūsuf ad-Dağawī: „at-Taṣwīr“ (1355/1936) ... 22

3.3 Šayḫ Aḥmad Harīdī: „at-Taṣwīr“ (1382/1963) ... 22

3.4 Lağnat al-fatwā [al-Azhar]: „at-Taṣwīr wa ṣ-ṣuwar“ (1413/1993) ... 24

3.5 Şeyḫülislām Muṣṭafā Ṣabrī Efendi: „Ṣūret taṣvīri“ (1338/1920) ... 25

3.6 Zusammenfassung der Rechtsgutachten ... 26

4. Die Fotografie im Osmanischen Reich ... 29

4.1 Das Osmanische Reich im 19. Jahrhundert: Staat und neue Bourgeoisie ... 29

4.2 Die Verbreitung des Bildes ... 35

4.2.1 Neue Stile in der bildlichen Kunst ... 35

4.2.2 Von der Buchillustration zum Wandschmuck ... 37

4.2.3 Die Tradition von osmanischen Herrscherporträts ... 38

4.3 Die Anfänge der Fotografie im Osmanischen Reich ... 39

4.3.1 Die ersten Fotografen: Reisende und Forscher ... 41

4.3.2 Die ersten ortsansässigen Fotografen in Konstantinopel ... 43

4.4 Die wichtigsten Fotografen und Fotostudios ... 46

4.4.1 Abdullah Frères – Ressām-ı Hażret-i Şehriyārī ... 47

4.4.2 Vassilaki Kargopoulo – Ẕāt-ı ʿĀlī-yi Hażret-i Pādışāhıñ Ser-Fotoġrafı ... 50

4.4.3 Pascal Sebah und Sebah & Joaillier ... 52

4.4.4 Boğos Tarkulyan und Studio Phébus ... 55

4.4.5 Guillaume Berggren ... 57

4.4.6 Gülmez Frères und Aşil Samancı ... 58

4.4.7 Türkische Militärfotografen, Studiofotografen und Fotojournalisten ... 60

4.5 Die spätosmanische Gesellschaft in der Fotografie: Selbstdarstellung gegen Fremddarstellung ... 64
4.5.1 Die fotografische Porträtkultur ... 65
4.5.2 Die Alben von Sultan Abdülhamit II. ... 67
4.6 Fotografie als Konsumobjekt und Elitekennzeichen ... 70
5. Schlussbetrachtung ... 73
Literaturverzeichnis ... 75
Weiterführendes Literaturverzeichnis ... 79
Abbildungen ... 85

1. Einleitung

Anders als der Buchdruck, der die türkisch- und arabischsprachige Welt relativ spät erreichte, verbreiteten sich die modernen visuellen Medien in der islamischen Welt fast genauso schnell wie im Westen. Das Eindringen des Bildes in die islamische Welt und seine je nach Gebiet schnelle oder auch langsame Akzeptanz als Teil der neuen Medien wurde in der Forschung bisher wenig behandelt.

Im westlichen Diskurs gilt die islamische Welt häufig als „bilderfeindlich", und Bilder aus der islamischen Welt werden stets im Zusammenhang mit Kunst betrachtet. Allerdings kann die Existenz des figurativen Bildes im Alltag der heutigen islamischen Welt nicht geleugnet werden, wenn sich auch in der Praxis der Bilderlosigkeit im religiösen Leben nichts geändert hat.

Das Eindringen des Bildes steht in Zusammenhang mit der Entstehung von visuellen Medien, die in Form von Fotografien, Zeichnungen und Gravuren in der Presse, später aber auch mit dem Fernsehen und dem Kino dafür sorgten, dass auch das figurative Bild so weit verbreitet und akzeptiert wurde, dass ihm gegenüber religiös begründete Vorbehalte kaum noch thematisiert werden.

Die vorliegende Arbeit soll am Beispiel der Fotografie im Osmanischen Reich den Anfang dieser Entwicklung beleuchten. Dazu ist erst einmal ein Blick auf das islamische „Bilderverbot" vonnöten, um zu verstehen, welche theologischen Voraussetzungen bestehen. Dabei wird deutlich werden, dass dieses hoch komplizierte Thema gewissermaßen in der Schwebe bleibt, und außer dem Götzenbildverbot kein „absolutes" Bilderverbot, wie häufig angenommen, besteht. Um dies zu erhellen, werden einige moderne Fatwas, die das Bilderverbot und die Fotografie behandeln, hinzugezogen.

Die Erfindung und Ausbreitung der Fotografie fällt im Osmanischen Reich in eine Zeit, in der der Staat durch einen lang währenden Reformprozess versuchte, sich gegen den zunehmenden Verfall des riesigen Staatsgebiets zu schützen. In dieser Ära entstand im Zuge einer kulturellen Veränderung eine neue, wohlhabende Bürgerschicht, die diese neue Kultur maßgeblich mitprägte.

Für das Gesamtverständnis der Thematik soll der Frage nachgegangen werden, inwiefern das Bild, vor allem das figurative, in der osmanischen Kultur bereits präsent war, um danach die Anfänge der Fotografie im Reich und die wichtigsten Fotografen und ihre Arbeit zu behandeln. Aus Platzgründen können nur ausgewählte Fotografen berücksichtigt werden. Die Auswahl richtet sich auch nach der vorhandenen Literatur über die einzelnen Fotografen. Da die Hauptstadt Konstantinopel das Zentrum der osmanischen Welt in vielerlei Hinsicht war, wird das Hauptaugenmerk der sich dort abspielenden fotografischen Kultur gelten.

Schließlich wird, noch einmal auf das Thema des figurativen Bildes Bezug nehmend, die charakteristische Art der osmanischen fotografischen Porträtkultur als eine Selbstdarstellung von Individuen und anhand des Beispiels der fotografischen Sammlung von Sultan Abdülhamit II., der ein großer Förderer der osmanischen Fotografie war, behandelt. Die Fotografie als Konsumobjekt der oberen Schichten funktionierte neben anderen Gütern als Merkmal und Statusobjekt einer „modernen", westlich orientierten Kultur.

In den letzten Jahren wurde zum Thema Fotografie in der islamischen Welt zwar einiges veröffentlicht, diese Publikationen behandeln aber im Wesentlichen nur technische Aspekte, biografische Details und die Arbeit von Fotografen und ihren Studios neben allgemeinem Hintergrundwissen. Entsprechendes umfangreiches Bildmaterial liefern die Bildbände von der Fotohistorikerin Engin Özendes und von Bahattin Öztuncay, der sehr detaillierte Recherchen veröffentlicht hat.

Es existieren kaum wissenschaftliche Publikationen zu dem Thema: Daher soll hier erstmals die osmanische Fotografie vor dem religiösen Hintergrund in einen größeren kulturhistorischen Kontext gestellt werden. Vor allem wurde noch nicht versucht, die Frage zu beantworten, wie sich im Osmanischen Reich die Fotografie denn trotz des „absoluten Bilderverbots" so schnell verbreiten konnte.

Erste Schritte in der Forschung mit fotografischem Material aus dem Osmanischen Reich hat Nancy Micklewright mit ihren sozio-historischen Studien über Aspekte der spätosmanischen Kultur und Gesellschaft unternommen. Eine interessante und differenzierte Arbeit stellt Sarah Graham-Brown's *Images of Women. The Portrayal of Women in Photography of the Middle East* dar, das verschiedene kulturwissenschaftliche Dimensionen anhand von Fotografien eröffnet. Über den Aspekt „Orientalismus" in der Fotografie existieren nun auch Arbeiten. Da sie aber mehr die Außensicht auf das Osmanische Reich darstellen als den osmanischen Umgang mit der Fotografie, wird dieser Aspekt in dieser Arbeit weitgehend ausgelassen.

Für die wissenschaftliche Transkription des Osmanischen wird das System der İslam Ansiklopedisi (İA) verwendet; osmanische Namen werden in modernem Türkei-Türkisch wiedergegeben. Um eine nachvollziehbare Angabe zu den genannten Preisen von Fotografien und Kameras zu machen, wird der ungefähre Euro-Wert von osmanischen Silber-*ġurūş* und der Gold-*lira* nach eigener Rechnung angegeben. Die Rechnung basiert auf dem aktuellen Goldkurs und richtet sich nach dem Silber-Gold-Verhältnis in den entsprechenden Jahren (vgl. die Literaturangabe in den entsprechenden Fußnoten). Ein weiterführendes Literaturverzeichnis enthält Publikationen zur Fotografie in den arabischen Provinzen des Osmanischen Reiches und im Qajarenreich, ohne Anspruch auf Vollständigkeit zu erheben.

2. Das „Bilderverbot“

Das islamische Bilderverbot gehört zu den komplizierten, häufig bearbeiteten und umstrittenen Themen der Islamischen Kunstgeschichte und Islamwissenschaften. Es gehört zu den Themen, über die trotz einer nicht abnehmenden Aktualität und einer Flut von Literatur wohl niemals eine endgültige Aussage getroffen werden kann. Dies mag auch damit zusammen hängen, dass rein wissenschaftliche Ansätze kaum anzutreffen sind, die alle vorgegebenen Denkrahmen – wie die „Absolutheit“ des islamischen Bilderverbots – zunächst einmal ausblenden. An dieser Stelle kann dieses an für sich komplexe Thema nur kurz und auf Grundlage der vorliegenden jüngeren Forschungsliteratur reflektierend zusammengefasst werden.

Der Begriff „Bilderverbot“ bezeichnet die Ablehnung und Vermeidung von Darstellungen insbesondere figurativer Art durch die monotheistischen Religionen, wobei der Islam am häufigsten mit dieser Idee in Zusammenhang gebracht wird. Es lohnt sich jedoch, zunächst einmal einen Blick auf die älteren monotheistischen Religionen zu werfen.

Angesichts der folgenden Passage im Alten Testament kann von einem „absoluten Bilderverbot“ im Judentum gesprochen werden:

> Ich bin Jahwe, dein Gott, der dich aus Ägypten geführt hat, aus dem Sklavenhaus. Du sollst neben mir keine anderen Götter haben. Du sollst dir kein Gottesbild machen und keine Darstellung von irgendetwas am Himmel droben, auf der Erde unten oder im Wasser unter der Erde. Du sollst dich nicht vor anderen Göttern niederwerfen und dich nicht verpflichten, ihnen zu dienen. Denn ich, der Herr, dein Gott, bin ein eifersüchtiger Gott. (Exodus 20, 2-5)

Nach Mazhar Ş. İpşiroğlu waren zur Entstehungszeit des alttestamentlichen Bilderverbots Bild und Idol gleichzusetzen, weil sich Kunst stets im religiösen Kontext bewegte, was „für das Bild so viel wie ein Ende bedeuten“ musste.[1]

Die oben zitierte Passage aus dem Dekalog findet sich in mehreren Bibelstellen[2] wieder, wobei die Herstellungstechniken konkretisiert werden:

> Ihr sollt euch nicht anderen Göttern zuwenden und euch nicht Götterbilder aus Metall gießen; ich bin der Herr, euer Gott. (Levitikus 19, 4)

> Ihr sollt euch keine Götzen machen, euch weder ein Gottesbild noch ein Steinmal aufstellen und in eurem Land keine Steine mit Bildwerken aufrichten, um euch vor ihnen niederzuwerfen. (Levitikus 26, 1)

In aller Deutlichkeit heißt es im Alten Testament, dass jene, die heimlich Gottesbilder aufstellen, verflucht sind:

---

1 İpşiroğlu: Bild im Islam, 15.

2 Vgl. auch Deuteronomium 4, 15-19; Deuteronomium 5, 6-8.

Verflucht ist der Mann, der ein Gottesbildnis, das dem Herrn ein Gräuel ist, ein Künstlermachwerk schnitzt oder gießt und es heimlich aufstellt. (Deuteronomium 27, 15)

Verglichen mit den islamischen Rechtsquellen ist das alttestamentliche Bilderverbot von prägnanter und ausdrücklicher Strenge und von fundamentalem Charakter.[3] Die Betonung des Verbots liegt nicht auf der Herstellung, sondern auf der Verehrung von Gottes- und Götterbildern, die gegossen oder geschnitzt (Lev 19, 4; Deut 27, 15), also dreidimensional sind (Deut 4, 16).[4]

Der Bibelforscher Christoph Dohmen kommt nach einer ausführlichen Analyse des alttestamentlichen Bilderverbots zu folgendem Ergebnis:

Die Erstformulierung des Bilderverbots [ist] im frühd[eu]t[e]r[onomischen] Grundtext des Dekalogs zu finden. Es handelt sich dabei nicht um ein Kunstverbot, sondern um ein reines *Kunstbildverbot*. Die Formulierung dieses Kunstbildverbotes ist zu Verstehen als ein Zeichen der Konsequenzen einer langen geschichtlichen Erfahrung sowohl mit Bildern im Kult als auch mit dem Alleinverehrungsanspruch JHWHs unter Rückbesinnung auf alte Traditionen der bildlosen JHWH-Verehrung.[5]

[...] Der kompromisslos vertretene Alleinverehrungsanspruch JHWHs, die intolerante Monolatrie, [hat] letztlich das Bilderverbot hervorgebracht, so dass für den vorliegenden Zusammenhang gefolgert werden kann: Das Bilderverbot wahrt auf seine Weise die Transzendenz dieses Gottes, der in seinem absoluten „Allein-Gott-Sein" alles Menschliche übersteigt.[6]

Der Versuch der Kirchenväter, dieses Problem zu lösen, mündete im heftig ausgefochtenen, Jahrhunderte währenden Bilderstreit, in dem sich die christliche Lehre zwischen dem frühchristlich-jüdischen Bilderverbot und dem bilderfreundlichen antiken Erbe entscheiden musste. Die Argumente der Ikonophilen betonten immer wieder die didaktische und missionarische Funktion der Bilder. Zum Sieg der Ikonophilen gegen die Ikonoklasten verhalf sicherlich die Idee der Menschwerdung Gottes:

Wollte man der Menschwerdung, d.h. dem Heraustreten Gottes aus seiner Unsichtbarkeit, nicht widersprechen, so durfte die Darstellung Christi und mithin das Bild in den Bereich der Religion übernommen werden.[7]

---

3 Clément: L'image dans le monde arabe, 14; Barrucand: Les fonctions de l'image dans la société islamique du moyen-âge, 60; Grabar: Formation of Islamic Art, 83.

4 Es existieren jüdische Kunstwerke, auf denen figurative Darstellungen zu finden sind, vgl. die Beispiele bei Osman Şekerci: İslam'da Resim, 7-9: „Bütün bu misaller gösteriyor ki, Tevrat'daki ifadeler, tapınma için yapılmış olan putlar hakkındadır. Yoksa böyle bir gaye taşımıyan tasvir ve heykelcilik bu din tarafından yasaklanmadığını ilk zamanlardaki Yahudi eserlerinde görmek kabildir." Ebd. 9. („All diese Beispiele zeigen, dass die Passagen im Alten Testament Götzen betreffen, die zur Anbetung geschaffen wurden. Dass diese Religion ansonsten Abbildungen und Skulpturen, die nicht zu solch einem Zweck hergestellt werden, nicht verbietet, ist an den frühen jüdischen Kunstwerken zu sehen." Übersetz. d. Verf.)

5 Dohmen: Bilderverbot, 273 (Hervorhebung im Original).

6 Ebd., 284. Vgl. auch ebd., 277 u. 22 f.

7 Ebd., 274.

Zunächst siegten aber im 8. Jahrhundert die Ikonoklasten, eine Zeit, in der das Byzantinische Reich sich im Zustand des Verfalls befand. In den Jahren 674-678 und 717-718 standen die Araber vor Konstantinopel, und die christliche Welt sah sich mit der Frage konfrontiert, ob dies die Strafe für schwere Sünden war. Der Bilderstreit war also eine theologische Angelegenheit, die unter dem Einfluss von politischen Umständen stand. Es sollte jedoch nicht vergessen werden, dass dieses etwa 100 Jahre andauernde christliche Bilderverbot (730-843) sich nicht auf figurative Darstellungen allgemein, sondern nur auf Darstellungen von Christus, den Heiligen und Päpsten bezog.

2.1 Das Bilderverbot im Islam

In der westlichen Welt herrscht seit je her die Idee vor, der Islam habe aufgrund von bilderfeindlichen Passagen im Koran und in den Aussprüchen des Propheten ein absolutes Bilderverbot entwickelt, und in der islamischen Rechtsliteratur finde sich – mit den Worten İpşiroğlus ausgedrückt – „keine Stelle, die in der Sache des Bildes [...] eine freie und duldsame Gesinnung" anführe.[8] Die westliche Forschung hat kaum ein Werk hervorgebracht, das sich mit dieser Doktrin kritisch auseinandergesetzt und eine differenzierte Analyse zum Thema beigetragen hätte – von den essentiellen Arbeiten Rudi Parets, die erstmals die zugänglichen Quellen beleuchten, abgesehen. Stattdessen geht man im westlichen Bilderverbotsdiskurs von Annahmen aus, die als selbstverständlich voraus gesetzt werden und nicht etwa auf wissenschaftlichen Untersuchungen basieren. Beispielsweise veröffentlichte der Kunsthistoriker İpşiroğlu ein Buch mit dem Titel *Das Bild im Islam: Ein Verbot und seine Folgen*, in dem das Bilderverbot jedoch auf wenigen Seiten abgehandelt wird. Darin finden sich pauschale Aussagen wie etwa, der Islam kenne, genauso wie das Judentum, keine „klare Unterscheidung zwischen Bild und Idol"; oder: der „Ablehnung des Götzendienstes im Koran [komme] die Bedeutung eines absoluten Bilderverbots" zu und die islamische Rechtsliteratur wittere „überall die Gefahr der Idolatrie".[9] Im Grunde genommen basieren die vereinfachten Aussagen im westlichen Bilderverbotsdiskurs nur auf der Rechtsliteratur, die das Bilderverbot vehement verteidigt, wie im Folgenden dargelegt werden wird.

Ferner heißt es in der Forschungsliteratur, im vorislamischen Arabien seien dem Bild „übernatürliche und magische" Kräfte zugeschrieben worden, ohne jedoch den Aspekt der „Magie" zu konkretisieren.[10] Eine weitere im westlichen Bil-

8 İpşiroğlu: Bild im Islam, 22.

9 Ebd.

10 Vgl. ebd.; Paret: Das islamische Bilderverbot, 4; Soucek: Taṣwīr 1., 362/1; Wensinck: Ṣūra, 891/2; Bei Grabar: Formation of Islamic Art, 99 heißt es: „The peculiarity of the Muslim attitude is that it immediately interpreted this potential magical power of images as a deception, as an evil."

derverbotsdiskurs geläufige Annahme ist die Bilderfreundlichkeit der Schia aufgrund der verbreiteten Bilder des Kalifen ʿAlī sowie des Märtyrers Ḥusayn und der Vergötterung dieser Personen, wobei eine Unterscheidung der verschiedenen schiitischen Gruppen nicht geschieht. Paret hat zumindest für die Zwölferschia nach einer gründlichen Quellenarbeit keinen Hinweis auf ein Verbot oder ein gegenteiliges Diktum in den kanonischen Texten der zwölferschiitischen Rechtsliteratur gefunden.[11] Die überall in der persischen Welt vorgefundenen figurativen Darstellungen hat man mit dem Phänomen „Schia“ zu erklären versucht. Vor allem in der safawidischen Hofkunst sind beispielsweise tierische Wesen und tierähnliche Fantasiekreaturen vorzufinden. Diese so häufig in großer Variation auftretende figurative Symbolik kann nicht einfach mit der Aussage, die schiitische Welt sei bilderfreundlicher als die sunnitische, als abgehandelt betrachtet werden. Dem Kunsthistoriker Schuyler Camman sind zu diesem Thema wertvolle Arbeiten zu verdanken, in denen der Zusammenhang von Kunst, Literatur und Religion – im engeren Sinne ist die islamische Mystik gemeint – in der safawidischen Zeit untersucht wird.[12] Camman kommt zum Ergebnis, dass z.B. figurative Ornamente auf safawidischen Teppichen nicht nur Paradiessymbole sind. In einem komplexen System von Symbolen und Themen, die in Form von Wortspielen mit der mystischen Literatur interagieren, werden zentrale Themen des Sufismus – wie die Suche des Mystikers nach Gott, sein Streben nach der unio msytica und die Bekämpfung des *nafs* (Selbst) – behandelt.[13]

Aus dem koranischen Verbot der Vielgötterei und Idolatrie wurde oftmals ein Bilderverbot abgeleitet. Dies sind jedoch Interpretationen, die auf einer nicht eindeutigen Aussage beruhen. Im Koran ist die Rede von Gott als *muṣawwir*[14] (Gestalter, Formgeber, Erschaffer), was Anstoß zu der Vorstellung gegeben hat, ein bildender Künstler ahme Gottes Eigenschaft als Erschaffer nach und betrete damit den Bereich der Häresie. Im Koran scheint jedoch dies nach Ansicht einiger Gelehrten[15] nicht so ein dringendes Thema zu sein, sonst hätte der Koran auch hierzu explizite und genaue Aussagen gemacht, wie beispielsweise zu den

---

11 Vgl. Paret: Schia, 224-238; İpşiroğlu: Bild im Islam, 22; Paret: Das islamische Bilderverbot, 4; Landau: Taṣwīr 2., 364/1; Clément: L'image dans le monde arabe, 26.

12 Vgl. Camman: Safavid Symbolism, 124-135.

13 So steht auf so genannten Jagd- und Tierteppichen das Motiv des Raubtiers, das ein Tier mit Hörnern angreift, für die Zerstörung der Sünde. Gehörnte Tiere heißen im Persischen *dām*, was aber auch Hindernis heißt. Dieses Wort wird in der Poesie oft für Hindernisse benutzt, die sich dem Sufi auf seinem mystischen Weg begegnen. Durch diese Zerstörungsmotivik wird also auch ausgedrückt, dass der Sufi diese Hindernisse meistern soll. Ein anderes Wortspiel auf Teppichen betrifft die Gazelle, *āhū*, als Opfer von Gewalt; *āhū* bedeutet aber auch ‚Sünde, Laster'. Das Bild von einer angegriffenen Gazelle steht also für die Zerstörung von Sünden.

14 Vgl. die Koranverse 3: 6; 7: 11; 40: 64; 59: 24; 64: 3.

15 Vgl. ʿĪsā: al-Muslimūn wa-t-taṣwīr, 607; Şekerci: İslam'da Resim, 17.

religiösen Pflichten, dem Erbrecht und den Eheangelegenheiten.[16] In der Sure *Āli ʿImrān* wird berichtet, wie Jesus die Gestalt eines Vogels formt und sie belebt:

> wa-rasūlan ilā banī Isrāʾīla annī qad ǧiʾtukum bi-āyatin min rabbikum. annī aḫluqu lakum min aṭ-ṭīni ka-hayʾati ṭ-ṭayri fa-anfuḫu fīhi fa-yakūnu ṭāyran bi-iḏni llāhi. (3: 49)
>
> Und als Gesandter (Gottes) an die Kinder Israels (wies Jesus sich aus mit den Worten:) 'Ich bin mit einem Zeichen von eurem Herrn zu euch gekommen (das darin besteht?), dass ich euch aus Lehm etwas schaffe, was so aussieht, wie Vögel. Dann werde ich hineinblasen, und es werden mit Gottes Erlaubnis (wirkliche) Vögel sein.[17]

Die Betonung liegt hier offensichtlich auf der Belebung des Vogels mit der Erlaubnis Gottes. Dieses Wunder demonstriert die prophetische Eigenschaft von Jesus und zeigt, dass das Erschaffen eine Fähigkeit ist, die Menschen nicht eigen ist. Nach dieser koranischen Passage ist eine Belebung der Bilder – und somit eine Konkurrenz mit Gott, *al-muṣawwir* – gar nicht möglich.[18]

Des Weiteren ist im Koran im Zusammenhang mit der Götzenverehrung von *tamāṯīl* (Sg. *timṯāl*) und von *anṣāb* (Sg. *nuṣub*) die Rede.

> yā ayyuhā l-laḏīna āmanū innamā l-ḫamru wa-l-maysiru wa-l-anṣābu wa-l-azlāmu riǧsun min ʿamali š-šayṭāni fa-ǧtanibūhu laʿallakum tufliḥūna. (5: 90)
>
> Ihr Gläubigen! Wein, das Losspiel, Opfersteine und Lospfeile sind (ein wahrer) Greuel und des Satans Werk. Meidet es! Vielleicht wird es euch (dann) wohl ergehen.[19]
>
> ḥurrimat ʿalaykumu l-maytatu wa-d-damu wa-laḥmu l-ḫinzīri wa-mā uhilla li-ġayri llāhi bihi wa-l-munḫaniqatu wa-l-mawqūḏatu wa-l-mutaraddiyatu wa-n-naṭīḥatu wa-mā akala s-sabuʿu illā mā ḏakkaytum wa-mā ḏubiḥa ʿalā n-nuṣubi wa-an tastaqsimū bi-l-azlāmi. ḏālikum fisqun. (5: 3)
>
> Verboten ist euch (der Genuß von) Fleisch von verendeten Tieren (w. Verendetes), Blut, Schweinefleisch und (von) Fleisch (w. das), worüber (beim Schlachten) ein anderes Wesen als Gott angerufen worden ist, und was erstickt, (zu Tod) geschlagen, (zu Tod) gestürzt oder (von einem anderen Tier zu Tod) gestoßen ist, und was ein wildes Tier (an)gefressen

---

16 „Şunu da belirtelim ki, müfessirler bu mesele üzerinde uzun boylu mütalâa beyanına lüzum görmemişlerdir. Çünkü resim ve tasvir meselesi, şarap ve kumar gibi bir içtimaî âfet değildir. Eğer öyle olsaydı Kur'an onun hakkında da kat'i ve sarih beyanda bulunurdu. Bu, şâriin sükût ettiği mubah meselelerdendir. İşte Kur'anda resim yasağı diye bir şey olmadığı açıkça görünüyor. Resim yasağı hakkında Kur'anda sarih bir şey yoktur demeyi garip bulanlar, olsa olsa Kur'anda resim lehinde bir şey bulabilirler." („Es muss noch gesagt werden, dass die Korankommentatoren zu diesem Thema keine langen Erklärungen für nötig hielten. Denn die Malerei und die bildliche Darstellung stellten keine gesellschaftlichen Probleme wie der Wein und das Glücksspiel dar. Wenn dem so wäre, gäbe es im Koran dazu eindeutige und klare Aussagen. Dies gehört zu den indifferenten Angelegenheiten, zu denen der Gesetzesgeber [Gott] schweigt. Es ist also deutlich, dass es im Koran kein Bilderverbot gibt. Diejenigen, die es seltsam finden, dass im Koran keine deutliche Aussage zum Bilderverbot existiert, können im Koran, wenn überhaupt, Äußerungen zugunsten des Bildes finden." Übersetz. d. Verf.) Keskioğlu: İslâmda Tasvir, 13.

17 Paret: Koran, 180.

18 Vgl. Paret: Textbelege, 44 f.; Şekerci: İslam'da Resim, 18; Grabar: Formation of Islamic Art, 82.

19 Paret: Koran, 274.

(oder: geschlagen) hat – es sei denn, ihr schächtet es (indem ihr es nachträglich ausbluten laßt) -, und was auf einem (heidnischen) Opferstein geschlachtet worden ist, und (ferner ist euch verboten) mit Pfeilen zu losen. So etwas (zu tun) ist Frevel.[20]

Dieser Vers wurde von einigen Gelehrten zugunsten eines Bilderverbots interpretiert. Die Frage ist, wie der Begriff *nuṣub/anṣāb* zu verstehen ist: Heißt es hier „Abbildungen", „Idol" oder einfach nur „Stein" bzw. „Opferstein"? Der zweite Vers bestätigt, dass es sich bei *anṣāb* um Opfersteine handelt. Aḥmad Muḥammad ʿĪsā hat Hinweise gefunden, dass diese *anṣāb* im vorislamischen Arabien Opfersteine waren, die – mit Opferblut begossen – angebetet wurden; ein Fall von Götzenverehrung. Die Theologen Osman Şekerci und Osman Keskioğlu erläutern, dass *anṣāb* in der Tafṣīr-Literatur auch als Opfersteine, die der Götzenverehrung dienten, angeführt werden. Der Begriff *anṣāb* ist also im Kontext der Idolatrie zu verstehen und nicht als „Abbildung".[21] In der Sure *an-Nūr* fällt im Zusammenhang mit der Schilderung des Lebens von Salomon das Wort *tamāṯil* (Statuen):

wa-li-Sulaymāna r-rīḥa ġuduwwuhā šahrun wa-rawāḥuhā šahrun. [...] wa-mina l-ǧinni man yaʿmalu bayna yadayhi bi-iḏni rabbihi. wa-man yaziġ minhum ʿan amrinā nuḏiqhu min ʿaḏābi s-saʿīri. yaʿmalūna lahu mā yašāʾu min maḥārība wa-tamāṯīla wa-ǧifānin ka-l-ǧawābi wa-qudūrin rāsiyātin. iʿmalū ʿāla Dāwūda šukran. (34: 12 f.)

Und dem Salomo (haben wir) den Wind (dienstbar gemacht), der morgens (eine Strecke, zu der man als Reisender) einen Monat (benötigt) zurücklegt, und abends ebenso. [...] Und Dschinn (machten wir ihm dienstbar, solche) (oder: Und es gab Dschinn), die mit der Erlaubnis seines Herrn vor ihm (allerlei schwierige) Arbeiten ausführten. – Diejenigen von ihnen, die unseren Befehl mißachten (w. von unserem Befehl abschweifen), bekommen von uns Strafe des Höllenbrandes zu spüren. Sie machten für ihn, was er wollte: Paläste, Bildwerke, Schüsseln (so groß) wie Tröge und (auf Füßen?) feststehende Kochkessel. Stattet der Sippe Davids (die euch derartige Errungenschaften hinterlassen hat, euren) Dank ab![22]

Einige Gelehrte wie der malikitische Korankommentator Qurṭubī (gest. 671/1272) oder der Universalgelehrte und Grammatiker Abū Ḥayyān al-Ġarnāṭī (gest. 745/1344) befanden die Herstellung von Bildern aufgrund dieses Verses für zulässig, da hier *timṯāl* als eine der Gottesgaben charakterisiert ist:

Cenab-ı Hakk, Hz. Süleyman'a verdiği nimetler arasında timsâli, tasvîri de zikrediyor. Bu Allah'ın bir nimeti olarak sayılıyor. Ve mukabilinde şükür etmeğe işaret olunuyor. Şükür makbul olan nimete olur. Usul-ü fıkıh kavâidine göre de şerâi-i sâlifeden birinin bir hükmü inkâr edilmeksizin Kur'ânda naklolunursa o bizim için de şeriattır, mensuh değildir. İşte buna binaen bazı ulemâ bu âyetle resim ve tasvîrin cevazını istidlâl etmişlerdir: Eğer bu kötü bir şey olsaydı Kur'anda böyle öğülerek naklolunmazdı.[23]

---

20 Ebd., 252.

21 Zum Begriff *nuṣub* siehe Taufiq Fahd (1995): „Nuṣub" in *EI²* vol. VIII., 154 f.; Grabar: Formation of Islamic Art, 83; ʿĪsā: al-Muslimūn wa-t-taṣwīr, 606; Keskioğlu: İslâmda Tasvir, 11 f.

22 Paret: Koran, 756.

23 Keskioğlu: İslâmda Tasvir, 12. „Gott der Herr erwähnt unter den Gaben, die er Salomon gab, auch die Statue und das Bild. Dies gilt als eine Gottesgabe. Und es wird darauf hin-

Dies deutet darauf hin, dass im Religionsrecht von Salomon dreidimensionale Bilder nicht verboten waren, weiter noch, sie dienten dazu, die Menschen zum Gottesdienst anzuspornen.[24]

Der Koran spricht also an keiner Stelle ein deutliches Bilderverbot aus. Doch in der Interpretation der islamischen Rechtsgelehrten gibt es hierzu keine eindeutige Position.

Die frühe Rechtsliteratur hat eine „gewisse Vereinheitlichung" (Paret) vorgenommen, die von späteren Gelehrten fraglos übernommen wurde. Paret hat festgestellt, dass in der Rechtsliteratur eine differenzierte Betrachtungsweise insbesondere der Hadithe nicht stattfand, zugunsten einer klaren Entscheidung – nämlich des absoluten Bilderverbots –, was dazu geführt hat, dass verbietende Hadithe bevorzugt wurden und solche, die eine abweichende Deutung erlauben könnten, außer Acht gelassen wurden. Dieselbe Ansicht vertreten auch ʿĪsā, Keskioğlu und Şekerci.[25]

Da eine ausführliche Diskussion der überlieferten Hadithe an dieser Stelle nicht möglich ist – dazu sei auf die angeführte Literatur verwiesen – seien hier nur die Kernaussagen der Hadithe zusammengefasst:

a) Hersteller von *ṣuwar* werden im Jenseits bestraft werden; um ihre Unfähigkeit zu demonstrieren, wird ihnen befohlen, ihre Bilder zu beleben.
b) Muḥammad verflucht die *muṣawwirūn*, so wie er diejenigen verfluchte, die Grabstätten von Propheten zu Tempeln umwandelten.
c) Es existiert die Besorgnis, dass Bilder beim rituellen Gebet ablenken können.

---

gewiesen, ihnen Dank zu erweisen; Dank kann nur [von Gott] akzeptierten Gaben erwiesen werden. Den Grundlagen des islamischen Rechts zufolge ist eine Bestimmung von vorhergehenden Religionsgesetzen für uns auch gültig, und nicht abgeschafft, wenn sie im Koran ohne Ablehnung überliefert wird. Hierauf aufbauend haben einige Gelehrte anhand dieses Verses die Erlaubnis des Bildes und des Abbildens deduziert: Wenn dies eine schlechte Sache wäre, würde es im Koran nicht auf solch preisende Art erwähnt werden." (Übersetz. d. Verf.); Keskioğlu bezieht sich auf Qurṭubīs Korankommentar *al-Ǧāmiʿ li-aḥkām al-Qurʾān* und Abū Ḥayyāns Kommentar *al-Baḥr al-muḥīṭ*, vgl. ebd. Fußnoten 2 und 3.

24 Vgl. Şekerci: İslam'da Resim, 16 f. und 40; ʿĪsā: al-Muslimūn wa-t-taṣwīr, 606 f.: „wa-tattaṣillu sūratu Sabaʾa bi-hāḏa l-mawḍūʿi min nāḥiyati anna t-tamāṯīla kānat fī šarīʿati Sulaymāna ʿalayhi s-salāmu, mubāḥatun lā ḥurmata fīhā." („Die Sure Sabaʾa (34) bezieht sich in dieser Angelegenheit darauf, dass Statuen im Religionsrecht Salomons, Friede sei mit ihm, erlaubt waren, und es kein Verbot darüber gab." Übersetz. d. Verf.); Grabar: Formation of Islamic Art, 81 f.; für den Begriff *timṯāl* siehe T. Fahd (1997): „Ṣanam" in *EI²* vol. IX., 5 f.; Keskioğlu: İslâmda Tasvir, 12 f., 16 .

25 Paret: Textbelege, 43; Şekerci: İslam'da Resim, 45. Das Fatwa-Komitee der al-Azhar hat in der Zeitschrift *Maǧallat al-Azhar* Ansichten wichtiger Gelehrter veröffentlicht, die sich nicht von den Ansichten an-Nawawīs oder aš-Šawkānīs unterscheiden. ʿĪsā kritisiert, dass diese modernen Fatwas die Veränderung der Bedingungen und Lebensumstände nicht berücksichtigen und keine unabhängige vergleichende Studie der islamischen Rechtsquellen vornehmen. Sie vertreten immer noch die Meinung, dass die Herstellung und Verwendung von Bildern absolut verboten ist. Vgl. ʿĪsā: al-Muslimūn wa-t-taṣwīr, 468 f.

d) (Erz-)[26] Engel meiden Häuser, in denen Bilder existieren.

e) Bilder auf Gebrauchsgegenständen wie Kleidung und Kissen sind erlaubt, hängende Bilder, z.B. auf Vorhängen, sind verboten.

f) Figurative Darstellungen können zu „Bäumen" werden, wenn ihre Köpfe abgetrennt werden – d.h. ihre Eigenschaft als figurative Abbildung wird damit zerstört. Dies impliziert den Gedanken, dass vegetabile Darstellungen keine Gefahr der Anbetung in sich bergen. Zudem ist es ein Hinweis darauf, dass im vorislamischen Arabien figurative Götzendarstellungen verehrt wurden.

g) Christliche Kreuze werden zerstört oder fortgeschafft. Das christliche Kreuz ist aus islamischer Sicht ein Symbol der polytheistischen Trinitätslehre. Dies deutet darauf hin, dass die Sorge Muḥammads darin lag, seine junge muslimische Gemeinde vor anderen Religionen, insbesondere dem Polytheismus, zu schützen. Die Zerstörung der Götzen in der Kaaba ist auch in diesen Zusammenhang zu stellen.[27]

Generell kann man die Ansichten der Gelehrten in drei Strömungen unterteilen: 1) Jeder Art der figurativen Darstellung ist absolut verboten. 2) Es existiert nur ein Götzenbildverbot. 3) Das Bilderverbot ist im Zusammenhang mit dem vorislamischen Polytheismus entstanden und gilt heute nicht mehr.

Zu den leidenschaftlichen Verfechtern eines absoluten Bilderverbots im Islam gehören der moderne Gelehrte aš-Šawkānī (gest. 1255/1839) und der oft zitierte an-Nawawī (gest. 676/1277):[28]

> taṣwīru ṣūrati l-ḥayawāni ḥarāmun šadīdu t-taḥrīmi wa-huwa min al-kabāʾiri li-annahu mutawaʿʿadun ʿalayhi bi-hāḏa l-waʿīdi š-šadīdi l-maḏkūri fī l-aḥādīṯi. wa-sawāʾun ṣunʿuhu bi-mā (sic) yumtahanu aw li-ġayrihi fa-ṣanʿatuhu ḥarāmun bi-kulli ḥālin li-anna fihi muḍāhātun li-ḫalqi llāhi taʿālā wa-sawāʾun mā kāna fī ṯawbin aw bisāṭin aw dirhamin aw dīnārin wa-filsin aw ināʾin aw ḥāʾiṭin aw ġayrihā. wa-ammā taṣwīru sūrati š-šağari wa-ğibāli l-arḍi wa-ġayri ḏālika mimmā laysa fīhi ṣūratu ḥayawānin fa-laysa bi-ḥarāmin.[29]

---

26 Während ikonophobe Interpreten diesen Hadith als Beleg dafür anführen, dass Bilder verboten sind, betonen ikonophile Gelehrte, dass es sich hierbei um einen gesonderten Fall handelt, der Erzengel und das Haus des Propheten im Kontext der Engelserscheinung betrifft. Vgl. Keskioğlu: İslâmda Tasvir, 16 f.

27 Ausführliche Diskussionen dieser Hadithe finden sich bei Şekerci: İslam'da Resim, 20-53, der diesen Überlieferungskomplex in einen größeren Zusammenhang stellt und unterschiedliche Gelehrtenmeinungen zu Wort kommen lässt, auch moderne: vgl. ebd. 54-63; Paret: Textbelege, 38-48; ʿĪsā: al-Muslimūn wa-t-taṣwīr, 607-609 und 147 f.; Keskioğlu: İslâmda Tasvir, 13-20.

28 Vgl. für Nawawīs Ansichten Keskioğlu: İslâmda Tasvir, 15 f.; ʿĪsā: al-Muslimūn wa-t-taṣwīr, 608 f.; Wensinck: Ṣūra, 890/1 f.; Clément: L'image dans le monde arabe, 20 f.; Paret: Textbelege, 42 f.; Şekerci: İslam'da Resim, 50 f.

29 Nawawī: Ṣaḥīḥ Muslim vol. XIV., 81. „Das Herstellen von Bildern lebendiger Kreaturen ist strikt verboten. Es gehört zu den großen Sünden, weil es unter Androhung einer schweren Strafe steht, die in den Hadithen erwähnt ist. Gleich, ob ihre Herstellung für niedere Dienste oder zu einem anderen Zweck, und gleich, ob sie nun auf einem Kleidungsstück, einem Teppich, einer Münze, einer Matte, einem Gefäß, einer Wand oder anderen [Dingen] er-

In dieser Aussage Nawawīs befindet sich ein großer Widerspruch: Wie kann die Darstellung von lebendigen Wesen eine Nachahmung der göttlichen Schöpferkraft sein, und die Darstellung von Pflanzen nicht? Sind sie nicht ebenso von Gott erschaffen? Auch die Dreidimensionalität oder der Schattenwurf eines Bildes kann nicht als Argument gegen Bilder gelten, denn vegetabile Darstellungen können auch dreidimensional sein, und sind sie dann etwa von einer möglichen Verehrung ausgeschlossen? Auch Nawawī formuliert den Gedanken, dass das Bild verboten ist, solange die Gefahr der Anbetung dieses - figurativen - Bildes besteht. Es geht also um den Götzendienst, und nicht um das Bild an sich. Mit Nawawīs widersprüchlicher Argumentation kann jedoch das Bilderverbot nicht als Doktrin gelten.[30]

Gemäßigte Ansichten vertreten Kāẓim b. Muḥammad b. Abū Bakr (gest. 107/725), Abū ʿAlī al-Fārisī[31] (gest. 377/987) und Ibn Ḥibbān (gest. 354/965). Letztere postulierten, dass Bilder im kultischen Bereich verboten, im alltäglichen Gebrauch jedoch erlaubt sind; auch beispielsweise als Wandschmuck. Sobald jedoch ein Bild mit der Absicht einer Verehrung hergestellt wird, ist es verboten. Zuletzt gibt es die Gruppe derer, die der Ansicht sind, das Bilderverbot sei ein Phänomen aus der Zeit des Propheten, da der Islam sich noch nicht in den Köpfen verfestigt hatte, und die jungen Muslime noch Kontakt zu Götzen verehrenden Gruppen hatten. Viele betonen, dass die vehement abgelehnte Idolatrie durch den Propheten der auslösende Faktor für das Bilderverbot gewesen sei, somit gelte dieses Verbot heute nur noch eingeschränkt, nämlich beim rituellen Gebet.[32]

folgt, so ist sie in jedem Fall verboten, weil darin eine Nachahmung der Schöpfung Gottes, des Erhabenen, besteht. Was aber die Herstellung von Abbildungen von Bäumen und Bergen und anderen [Dingen], die keine Gestalt von Lebewesen enthalten, betrifft, so ist dies nicht verboten.“ (Übersetz. d. Verf.)

30 Keskioğlu kritisiert heftig Nawawīs Meinung: Vgl. Keskioğlu: İslâmda Tasvir, 15 f.

31 Schon der Grammatiker Abu ʿAlī al-Fārisī stellte klar, dass sich die Hadithe auf die Herstellung von plastischen Götzenbildern beziehen: „fa-in qāla qā'ilun: fa-qad ǧā'a fi l-ḥadīṯi: yuʿaḏḏabu l-muṣawwirūna yawma l-qiyāmati, wa-fi baʿḏi l-ḥadīṯi: fa-yuqālu lahum aḥyū mā ḫalaqtum, qīla: yuʿaḏḏabu l-muṣawwirūna, yakūnu ʿalā man ṣawwara llāha taṣwīra l-aǧsāmi. wa-ammā z-ziyādatu fa min aḥādīṯi l-āḥādi llatī lā tūǧibu l-ʿilma.“ Abū ʿAlī al-Fārisī: *Kitāb al-ḥuǧǧa li-l-qurrā'* zit. nach ʿĪsā: al-Muslimūn wa-t-taṣwīr, 470, Original nicht belegt. „Wenn gesagt wird, dass in den Hadithen steht: ‚Die *muṣawwirūn* werden am Tag der Auferstehung bestraft werden' und weiter: ‚Es wird ihnen befohlen: Erweckt das, was ihr erschafft habt, zum Leben', so wird erwidert: ‚die *muṣawwirūn* werden bestraft' bezieht sich auf diejenigen, die Gott darstellen, so wie man Körper darstellt. Die übrigen [Hadithe] werden Quellen zugeschrieben, die nur ein Hadith überliefern und nicht verbindlich sind.“ (Übersetz. d. Verf.)

32 Vgl. ebd., 468-470; siehe auch die Beispiele bei Şekerci: İslam'da Resim, 54-63; Keskioğlu: İslâmda Tasvir, 14-19. Als ikonophil werden der šāfiʿītischer Gelehrte al-Ḫaṭṭābī (319-386/931-966), aš-Šaybānī (132-189/750-805) und Ibn Ḥaǧar al-ʿAsqalānī (773-852/1372-1449) häufig genannt.

Moderne Rechtsgelehrte haben größtenteils die alten Lehrmeinungen unkritisch übernommen,[33] es gibt jedoch auch Gelehrte, die die Angelegenheit überdacht und alte Überlieferungen als überholt verworfen haben, wie beispielsweise Yūsuf al-Qaraḍāwī und Muḥammad ʿAbdūh. Sie betonen oftmals, dass es bei dem Bilderverbot um die Gefahr der Götzenverehrung ging, und solange diese Möglichkeit nicht bestünde, sei an Bildern nichts auszusetzen.[34]

Selbst schiitische Gelehrte in Qum und Mašhad machten im Gespräch mit dem Kunsthistoriker Sir Thomas Arnold zu seiner Überraschung bilderfreundliche Aussagen:

> The prohibition against image making was directed solely against idolatry and it is therefore permissible to use images so long as they are not where they could become objects of adoration at the time of prayer. Hence it is quite legitimate to have them even in the mosque, provided they are not within the sanctuary.[35]

Der Koran spricht an keiner Stelle ein Bilderverbot aus, und die Ableitung eines „absoluten Bilderverbots" aus Prophetenüberlieferungen ist offensichtlich problematisch. Trotz allem kann nicht geleugnet werden, dass so etwas wie ein allgemeines Bilderverbot oder zumindest ein vorsichtiger Umgang mit dem Bild in der islamischen Welt verbreitet ist. Die Entstehung dieses Umgangs mit dem Bild bietet Fragen für weitere Forschungen.

Islamische Rechtsgutachten können einen Eindruck von der bilderfeindlichen Haltung von Rechtsgelehrten liefern.

---

33 Vgl. dazu das nachfolgende Kapitel 3.

34 Qaraḍāwī: al-Ḥalāl wa-l-ḥarām fī l-Islām, 98 f. ʿĪsā: al-Muslimūn wa-t-taṣwīr, 263 f.

35 Arnold: Influence of Poetry and Theology on Painting, 1907.

3. Das Bilderverbot und die Fotografie in islamischen Rechtsgutachten

Da es die Fotografie in der Entstehungszeit des Islam nicht gab, ist zu erwarten, dass sich muslimische Rechtsgelehrte mit dieser „Neuerung“ (*bidʿa*) in ihren Rechtsgutachten (*fatwā, fatāwā*) befassen. In der osmanischen Fatwa-Literatur gibt es kaum Texte, die sich mit dieser Problematik beschäftigen.[1] Ein Blick auf die arabische Fatwa-Literatur enttäuscht jedoch auch: Zu wenige Fatwas sind bekannt, die eine Entwicklung nachverfolgen lassen könnten von der anfänglich ablehnenden Haltung der islamischen Welt gegen die neuen visuellen Medien hin zur heutigen Zeit, in der selbst in den konservativeren islamischen Ländern die Fotografie, das Fernsehen und sogar Porträts von Machthabern nicht mehr wegzudenken sind.[2] Nach Jean-François Clément[3] sind aus dem 20. Jahrhundert nur drei Fatwas bekannt, die sich mit dem Thema der modernen visuellen Medien und figurativen Künsten auseinandersetzen, obwohl gerade die Verbreitung des Bildes eine so wichtige Rolle im Wandel der modernen islamischen Gesellschaften eingenommen hat.

Die hier geäußerten Meinungen von Rechtsgelehrten sind jedoch keineswegs ein Spiegel der Gesellschaft und ihres Umgangs mit dem Bild.

3.1 Šayḫ Qandīl Qandīl und Šayḫ ʿAbd as-Salām Šaraf: „an-Naẓar ilā ṣ-ṣuwar“ (1354/1936)[4]

Auf die Frage, ob das Anschauen von fotografischen Bildern, Ölgemälden und Kinobildern [*aṣ-ṣuwar al-fūtūġrāfīya* [wa-] *z-zaytīya wa-ṣuwar al-ḫayāla (as-sīnamātūġrāf)*] verboten oder erlaubt (*ḥarām aw mubāḥ*) ist, antworten Šayḫ Qandīl und Šayḫ ʿAbd as-Salām Šaraf in Anbetracht der verschiedenen genannten Medienformen kurz und ohne auf spezielle Hadithe einzugehen. Zunächst wird darauf verwiesen, dass Bilder in einer sittenwidrigen Form (*bi-šaklin muḫillin bi-l-ādābi*) verboten (*ḥarām*) sind. Dieses Verbot verstärkt sich noch, wenn es sich um einen Umgang (*iḫtilāṭ*) von Männern mit Frauen handelt.

Das Anschauen von zweidimensionalen Bildern von Menschen und Tieren, die „keinen Schatten werfen“ (*lā ẓillan lahā*) ist erlaubt, also auch die Fotografie. Schließlich unterscheiden die beiden Gelehrten bei dreidimensionalen Bildern, die „einen Schatten haben“, solche, die unvollständig dargestellt sind (*nāqiṣa*),

---

1 Angabe von Prof. Klaus Kreiser in einer E-Mail an die Verfasserin.

2 Für Beispiele aus den arabischen Ländern vgl. Wensinck: Ṣūra, 890/2.

3 Clément: L'image dans le monde arabe, 12.

4 Veröffentlicht in *Maǧallat al-Azhar* 6 (Kairo, 1354/1936), 171.

bei denen also lebenswichtige Körperteile fehlen, und solche, die vollständig dargestellt sind. Erstere sind erlaubt, da sie damit nicht mehr wie ein echtes Abbild eines Lebewesens wirken können, und folglich nicht die Gefahr ihrer Anbetung besteht. Letztere sind demnach verboten, da sie als Götzen verehrt werden könnten. Auf die Herstellung von Bildern wird nicht eingegangen.

3.2 Šayḫ Yūsuf ad-Dağawī: „at-Taṣwīr" (1355/1936)[5]

Dieses Rechtsgutachten spiegelt die Meinung von malikitischen Gelehrten wider.

Die Frage bezieht sich sowohl auf das Anschauen als auch auf das Herstellenlassen (*istiṣnā*ʿ) von fotografischen oder künstlerischen Bildern (*aṣ-ṣūra al-fūtūġrāfīya aw al-fannīya*) von Menschen, Tieren oder auch Bäumen.

Šayḫ ad-Dağawī unterscheidet zwischen nicht lebenden Objekten, wozu er Bäume und Gebäude zählt, und Lebewesen, also Mensch und Tier. Das Abbilden (*at-taṣwīr*) und Anschauen (*an-naẓar*) von Nicht-Lebewesen (*ġayru ḥayawānin*) ist immer erlaubt, egal ob es sich um plastische oder zweidimensionale Bilder handelt; hier nennt er auch die Fotografie.

Das Abbilden und Anschauen von Lebewesen (*ḥayawān*) unterscheidet auch Yūsuf ad- Dağawī in plastische (*kāna lahā ẓillan*) und zweidimensionale Bilder (*lā ẓillan lahā*), wie die Fotografie (*ka-l-fūtūġrāfīyati*). Zweidimensionale Bilder, die Lebewesen darstellen, sind, was ihre Herstellung und ihr Anschauen betrifft, verwerflich (*makrūh*). Plastische Bilder von Lebewesen sind verboten (*ḥarām*), wenn sie alle wichtigen Körperteile besitzen. Wenn ihnen wichtige Körperteile fehlen, sind sie ebenso verwerflich (*makrūh*).

3.3 Šayḫ Aḥmad Harīdī: „at-Taṣwīr" (1382/1963)[6]

Die Frage richtet sich nach dem schariarechtlichen Urteil über Bilder und Abbildungen in Originalhandschriften von arabischen wissenschaftlichen Werken, beispielsweise geografischen und medizinischen Texten.

Der Mufti Šayḫ Aḥmad Harīdī zitiert auf diese Frage hin zunächst einige Prophetenüberlieferungen. Über die Nachahmer der Schöpfung sagte Muḥammad:

> wa-man aẓlamu mimman ḏahaba yaḫliqu ka-ḫalqī fa-li-yaḫliqū ḥabbatan wa-li-yaḫliqū ḏarratan.[7]

---

5 Veröffentlicht in *Mağallat al-Azhar* 7 (Kairo, 1355/1936), 327.

6 Veröffentlicht in *al-Fatāwā al-islāmīya min dār al-iftāʾ al-miṣrīya* 20 (Kairo, 1413/1993), 7759-7761.

7 Wensinck: Concordance et indices vol. I., 410. „Wer ist ein größerer Übeltäter, als derjenige, der sich anschickt, etwas wie meine [Gottes] Schöpfung zu erschaffen? So mögen sie doch ein Korn, ein Stäubchen erschaffen." (Übersetz. d. Verf.) Eine ausführliche Analyse

Es folgt die bekannte Überlieferung von den Engeln, die kein Haus mit Bildern betreten.

> inna l-malāʾikata lā tadḫulū baytan fīhi ṣūratun illā raqman fī ṯawbin.[8]

Daraufhin wird eine Überlieferung zitiert, die belegen soll, dass zweidimensionale Bilder (*iḏā kānat lā ẓillan lahā*) und solche, die als Unterlage verwendet werden (*mimmā yūṭaʾu wa-yudāsu aw yumtahanu*), z.B. als Sitzkissen (*al-maḥād wa-l-wisāʾid*), erlaubt sind. Die Frau des Propheten ʿĀʾiša überliefert folgendes:

> qadima rasūlu llāhi ṣallā llāhu ʿalayhi wa-sallama min safarin wa-qad satartu bi-qirāmin lī ʿalā sahwatin lī fīhā tamāṯīlu. fa-lammā raʾāhu rasūlu llāhi ṣallā llāhu ʿalayhi wa-sallama hatakahu wa-qāla: ašaddu n-nāsi ʿaḏāban yawma l-qiyāmati llaḏīna yuḍāhūna bi-ḫalqi llāhi. qālat: fa-ǧaʿalnāhu wisādatan aw wisādatayni.[9]

Durch ein Zitat von Ibn ʿArabī wird erläutert, dass durch den Gelehrtenkonsens (*bi-l-iǧmāʿi*) dreidimensionale Bilder grundsätzlich verboten sind (*ḥarām*) und über gestickte (*raqman*), also zweidimensionale Bilder von Lebewesen, vier unterschiedliche Ansichten herrschen: 1) Sie sind absolut erlaubt (*yuǧāzu muṭlaqan*). 2) Auch „gestickte" Bilder sind verboten (*al-manʿu muṭlaqan ḥattā r-raqmi*). 3) Wenn das Bild alle lebenswichtigen Körperteile besitzt, ist es verboten. 4) Wenn es aufgehängt ist, ist es nicht erlaubt und wenn es auf dem Boden verwendet wird, ist es erlaubt.

Der Autor kommt zum Schluss, dass, solange keine Menschen und Tiere abgebildet sind, zweidimensionale Bilder erlaubt sind. Dazu zählen auch auf Mauern und Papier dargestellte Bilder (*ʿalā ḥāʾiṭin* [...] *aw ʿalā l-waraqi*). Bilder von unbeseelten Dingen, wie Pflanzen und Bäume sind ohnehin erlaubt (*lā baʾsa bi-ttiḫāḏi ṣ-ṣuwari llatī lā ẓillan lahā wa-rasmi mā lā rūḥan lahu ka-n-nabāti wa-l-ašǧāri*).

Bilder und Fotografien von Menschen und Tieren und ihren Körperteilen sind schariarechtlich erlaubt (*huwa l-ǧawāzu šarʿan*), wenn sie einen wissenschaftlichen Nutzen haben und keine Gefahr der Vergötterung (*taʿẓīm*), Verehrung (*takrīm*) und des Gottesdienstes für sie (*ʿibāda*) aufkommen lassen (*ar-rasmu wa-t-taṣwīru š-šamsīyu* [Lichtbilder] *li-l-insāni wa-l-ḥayawāni lā baʾsa bihi mā dāma li-aġrāḍin ʿilmīyatin mufīdatin wa-ḫalā min maẓāhiri t-taʿẓīmi wa-maẓinnati t-takrīmi*).

---

der überlieferten Hadithe mit ähnlichem Inhalt erfolgt bei van Reenen: The 'Bilderverbot', 46 f.

8 Wensinck: Concordance et indices vol. III., 439. Vgl. Kap. 2 Fußnote 26 für die umstrittene Interpretation dieser Überlieferung. „Die Engel betreten kein Haus, in dem sich ein Bild befindet, es sei denn, es ist in ein Kleid gestickt." (Übersetz. d. Verf.) Vgl. van Reenen: The ‚Bilderverbot', 30-35.

9 Wensinck: Concordance et indices vol. III., 523. „Der Prophet (saw) traf von einer Reise ein, und ich hatte meinen (?) Alkoven mit meinem Vorhang zugedeckt, auf dem Bilder waren. Als der Prophet (saw) es sah, zerriss er es, und sagte: ‚Die, die am Tage der Auferstehung die schlimmste Strafe erleiden werden, sind die, die Gottes Schöpfung nachahmen.' [ʿĀʾiša] sagte: ‚Wir machten daraus ein oder zwei Kissen.'" (Übersetz. d. Verf.) Vgl. van Reenen: The ‚Bilderverbot', 42-44.

3.4 Laǧnat al-fatwā [al-Azhar]: „at-Taṣwīr wa ṣ-ṣuwar" (1413/1993)[10]

Die Frage des Bittstellers richtet sich darauf, ob das Bild (*aṣ-ṣūra*) schariarechtlich erlaubt (*ḥalāl*) oder verboten (*ḥarām*) ist.

Zunächst zitiert der Autor folgende Prophetenaussagen zum Bild:

inna ašadda n-nāsi ʿaḏāban yawma l-qiyāmati l-muṣawwirūna.[11]

inna llaḏīna yaṣnaʿūna hāḏihi ṣ-ṣuwara yuʿaḏḏabūna yawma l-qiyāmati yuqālu lahum: aḥyū mā ḫalaqtum.[12]

kullu muṣawwirin fī n-nāri.[13]

Die Mehrheit der Gelehrten erläutert zu diesen Hadithen, dass sich die Strafe des *muṣawwir* vergrößert, weil die Bilder anstelle von Gott verehrt werden (*li-anna ṣ-ṣuwara kānat tuʿbadu min dūni llāhi*) und die arabischen Götzenbilder (*aṣnām*) in der *ǧāhilīya* Statuen aus menschlicher Gestalt waren (*tamāṯīlun ʿalā ṣuwari l-insāni*). Das Bilderverbot ist zum Schutz vor dem Polytheismus (*širk*) und zur Bewahrung des Glaubensgrundsatzes von der Einheit Gottes (*ʿaqīdat at-tawḥīd*) entstanden. Auf Basis der echten Hadithe sind die Rechtsgelehrten zum Konsens gekommen, dass vollständig körperhafte Abbildungen von Lebewesen verboten sind (*ḥurmatu taṣwīri l-ḥayawāni muǧassaman kāmilan*). Unvollständige Bilder von Menschen und Tieren, wie beispielsweise halbe Statuen (*ka-t-tamāṯīli n-niṣfīyati*), sind von den Gelehrten lediglich verachtet (*karahahā l-ʿulamāʾu*), und sie halten es für besser (*istaḥsanū*), sie nicht herzustellen. Eine Ausnahme bilden die „kleinen Statuen" (*at-tamāṯīl aṣ-ṣaġīra*), die als Kinderspielzeug dienen. Auch das basiert auf einer Überlieferung der Prophetenfrau ʿĀʾiša, die mit Puppen spielte. Der Verkauf von Spielzeugpuppen ist ebenfalls erlaubt, genauso wie Bilder von Bäumen und allem, was „keinen Atem hat" (*mā lā nafsan lahu*). In einem Zitat von al-Ḫaṭṭābī heißt es, dass nur Bilder von beseelten Dingen anstelle von Gott angebetet werden (*mā kāna yuʿbadu min dūni llāhi*). Aber so genannte „nicht-körperhafte" Bilder wie die Fotografie, Ölgemälde und ins Kleid gestickte und an die Wand gemalte Bilder (*aṣ-ṣuwaru ġayru l-muǧassamati llatī lā ẓillan lahā ka-ṣ-ṣuwari l-fūtūġrāfīyati, wa-ṣ-ṣuwari z-zaytīyati, wa-ṣ-ṣuwari l-manqūšati fī ṯ-ṯiyābi wa-ʿalā l-ǧudrāni*) werden bei den Rechtsgelehrten unterschiedlich bewertet. Manche erlauben sie und

---

[10] Veröffentlicht in *Maǧallat al-Azhar* 11, (Kairo, 1413/1993), 163-165. Die Namen der Muftis sind unbekannt.

[11] Wensinck: Concordance et indices, vol. III., 437. „Von allen Menschen werden am Tag der Auferstehung die *muṣawwirūn* am Härtesten bestraft." (Übersetz. d. Verf.) Vgl. van Reenen: The ‚Bilderverbot', 44-47.

[12] Wensinck: Concordance et indices, vol. III., 440. „Diejenigen, die diese Bilder herstellen, werden am Tag der Auferstehung bestraft; es wird ihnen gesagt werden: ‚Erweckt das, was ihr erschaffen habt, zum Leben.'" (Übersetz. d. Verf.)

[13] Ebd., 437. „Jeder Hersteller von Bildern ist im [Höllen-] Feuer." (Übersetz. d. Verf.)

manche verbieten sie (*minhum man ḥarramahā wa-minhum man abāḥahā*). Das Fatwa-Komitee ist der Ansicht, dass diese zweidimensionalen Bilder erlaubt sind, weil sie nicht die Gefahr der Idolatrie aufkommen lassen.

Das Argument, dass das Bild nicht zum Götzendienst, sondern als schöne Kunst gedacht ist, und Skulpturen auch als Denkmal für Ereignisse und Taten funktionieren können, dass ferner der menschliche Verstand von Heute es ablehnt, „von Hand behauene Steine" (*ḥağarun manḥūtun bi-l-yadi*) anzubeten, meinen die Autoren entkräften zu können, indem sie ausführen, dass der Mensch heutzutage von verschiedenen Gedanken und Ideen beeinflusst wird, wodurch er möglicherweise zwischen „dem Wahren und der Lüge" (*bayna l-ḥaqqi wa-l-bāṭili*) nicht mehr unterscheiden kann. Selbst in den wissenschaftlich fortschrittlichen Zeiten seien Personen, Götzen und Seelen angebetet worden und würden immer noch angebetet (*ʿubidat al-ašḫāsu wa-l-aṣnāmu wa-l-arwāḥu*). Auch der Zweck von Denkmälern könne im Laufe der Zeit von nachfolgenden Generationen vergessen werden, sodass jene dann zum Götzendienst verwendet werden könnten. Daher sieht das Fatwa-Komitee der al-Azhar-Universität keinen Grund, dass Bilderverbot heute für ungültig zu erklären. Die Verwendung der Fotografie erlaubt es jedoch uneingeschränkt.

3.5 Şeyḫülislām Muṣṭafā Ṣabrī Efendi: „Ṣūret taṣvīri" (1338/1920)[14]

Diese Fatwa aus dem Osmanischen Reich behandelt in aller Kürze das Bilderverbot. Der Begriff *taṣvīr* fand im Osmanischen sowohl für das Bild allgemein, später aber auch für die Fotografie Verwendung. Im Laufe der Zeit wurde dafür aber der Terminus *fotoġrafya* geläufiger:

> Zeyd-i müslümanıñ insān ve sā'ir ẕīrūḥ olan ḥayvān ṣūretlerini ʿalā külli ḥāl taṣvīri şerʿan ḥarām olurmı? Elcevāb: Olur.
>
> Bu ṣūretde ṣuver-i mezkūreniñ ḫāne ve sā'ir mevāżıʿda ittiḫāẕı taḥrīmen mekrūh olurmı? Elcevāb: Olur.[15]

Hier wird also gezielt nach der Herstellung und Benutzung von Bildern von Lebewesen gefragt. Dabei wird nicht zwischen plastischem oder zweidimensionalem Bild unterschieden. Da der Terminus *fotoġrafya* hier nicht fällt, kann sich diese Fatwa nicht auf die Fotografie allein beziehen, denn das Rechtsgutachten stammt aus einer Zeit, in der die Fotografie in Konstantinopel schon etabliert

14 Veröffentlicht in *Cerīde-i ʿİlmīye* 62, Konstantinopel 1338/1920, 1968.

15 „Sind die von einem Muslim hergestellten Abbildungen von Gestalten von Menschen oder anderen beseelten Lebewesen, wie sie auch immer sein mögen, schariarechtlich verboten? Antwort: Sie sind verboten. Ist also die Verwendung der genannten Bilder im Haus und an anderen Orten verwerflich, sozusagen an der Grenze des Verbotenen? Antwort: Sie ist verwerflich." (Übersetz. d. Verf.)

war, und bereits die ersten Muslime Fotostudios eröffnet hatten. Mit dem Terminus *taṣvīr* ist aber ein allumfassender Begriff für bildliche Darstellungen gewählt worden.[16]

3.6 *Zusammenfassung der Rechtsgutachten*

Die behandelten Fatwas verdeutlichen, dass, wenn auch mit ähnlichen Argumenten gearbeitet wird, das Bild wie auch die Fotografie unterschiedlich bewertet werden. Allen gemein ist die Unterscheidung von plastischen und zweidimensionalen und von beseelten und unbeseelten Bildern, außerdem das absolute Verbot von vollständig körperhaften plastischen Darstellungen von Lebewesen, wozu Menschen und Tiere zählen, aber Pflanzen und Bäume nicht. Diese Auffassung ist jedoch kritisierbar, da auch die Verehrung von Pflanzen und Bäumen in manchen Völkern existiert. Die Haltung der Gelehrten verdeutlicht, dass sie sich auf die Idee fixiert haben, dass figurative, dreidimensionale Bilder den *tawḥīd* und die Bekämpfung des *širk* gefährden. Die Sichtweise der Gelehrten ist offensichtlich geprägt von den Aussagen in den Prophetenüberlieferungen.

Überträgt man dies auf andere muslimische Völker, beispielsweise auf die einst schamanistischen Turkvölker, müssten auch Bilder von Bäumen, Pflanzen und Naturszenen als verboten gelten.

Unvollständige figurative Skulpturen werden also sowohl als *mubāḥ* (3.1), als auch als verwerflich (*makrūh*) bezeichnet (3.2, 3.4), oder erst gar nicht behandelt (3.3, 3.5). Das zweidimensionale Bild, welches häufig als ein Bild ohne „Schatten", als „gesticktes" Bild oder einfach als „nicht-plastisch" (*ġayru l-muǧassama*) bezeichnet wird, wird von verschiedenen Gelehrten unterschiedlich bewertet. Mal ist es uneingeschränkt erlaubt (3.1, 3.4), also auch Fotografien von Mensch und Tier, mal sind solche Fotografien *makrūh* (3.2). Andere erlauben die Fotografie von Lebewesen nur, wenn sie einen wissenschaftlichen und gesellschaftlichen Nutzen haben, ansonsten sind solche zweidimensionalen Bilder verboten (3.3).

Dass die Fotografie eine „echte" Reproduktion der Wirklichkeit auf Papier ist und dass sie damit vielleicht eine andere Position als das gemalte Bild einnehmen könnte, und ähnliche Fragen, beschäftigen keinen der Gelehrten; einzig die Frage nach einer potentiellen Götzenverehrung scheint wichtig zu sein. Somit wird die Fotografie dem gemalten und „gestickten" Bild unterschiedslos gleichgesetzt. Auch komplizierte Fragen wie die Abbildung eines lebenden Objekts auf einer Fotografie scheint niemanden von denjenigen zu beschäftigen, die die Fotografie von Lebewesen für erlaubt, aber vollständig körperhafte Skulpturen von

[16] Özendes führt diese in der Sekundärliteratur immer wieder zitierte Fatwa als ein fotofeindliches, bzw. die Fotografie verbietendes Rechtsgutachten. Der Terminus *taṣvīr* bezeichnet aber das Abbilden an sich und nicht die Fotografie. Inwiefern die Fotografie gemeint ist, bleibt also fraglich. Vgl. Özendes: Photography in the Ottoman Empire, 18.

Mensch und Tier für verboten halten (3.1, 3.4). Die Fotografie als nicht-plastisches Medium selbst kann aber durchaus eine plastisch erscheinende Figur darstellen. Auch ist eine mögliche Verehrung von Objekten auf Fotografien denkbar.

Dies sind einige Positionen von Rechtsgelehrten im 20. Jahrhundert. Sie sollten jedoch nicht als Spiegel der gelebten Praxis gelten. Trotz der offensichtlich ablehnenden Haltung der Schariainterpreten hatte sich das Bild in Form der Fotografie nämlich bereits in der zweiten Hälfte des 19. Jahrhunderts in der Hauptstadt des Osmanischen Reiches Konstantinopel in allen möglichen Variationen verbreitet.

4. Die Fotografie im Osmanischen Reich

Die Frage nach dem Bild in der osmanischen Welt wurde bisher in allen Publikationen über die Fotografie ausgeblendet. Die rasche Verbreitung der Fotografie in den von den Osmanen beherrschten islamischen Ländern deutet darauf hin, dass das Bild mit den religiösen Geboten nicht gezwungenermaßen in heftigem Konflikt stand. Zumindest sind keine Berichte über Fotografie ablehnende Auseinandersetzungen bekannt. Dies hängt zum einen mit der eigenen Tradition, zum anderen aber auch mit der vermehrten Rezeption der westlichen figurativen Bildkunst im Zuge des gesellschaftlichen und kulturellen Wandels der Reform-Ära zusammen.

4.1 Das Osmanische Reich im 19. Jahrhundert: Staat und neue Bourgeoisie

„Das längste Jahrhundert“[1], wie das 19. Jahrhundert der osmanischen Geschichte genannt wurde, erhielt diesen Namen wegen des fortschreitenden politischen und sozio-kulturellen Wandels in diesem Zeitalter. An der Wende zum 20. Jahrhundert hatten sich die Staatsstrukturen und ein Teil der Gesellschaft aufgrund der weitgreifenden Reformen im 19. Jahrhundert stark verändert. Das Reich sah sich in dieser Zeit von zunehmendem Verfall bedroht. Nach einer Reihe von kostspieligen Kriegen und darauf folgenden territorialen Verlusten, Kämpfen um Unabhängigkeit und Rebellionen verschiedener Völker in den osmanischen Provinzen und der zunehmenden Gefahr, von den europäischen Mächten und Russland unterworfen und zerschlagen zu werden, erkannten die Sultane und hohen Staatsmänner die technologische und militärische Unterlegenheit des Reiches gegenüber Europa. Unter dem Namen *Tanẓīmāt* (Reformen, Neuordnungen) wurden nun schrittweise grundlegende Reformen eingeführt, um der Auflösung des riesigen Reiches entgegen zu wirken und es gegen wiederkehrende Angriffe zu stärken.

Schon im 18. Jahrhundert hatten die Osmanen nach verlorenen Kriegen wichtige Provinzen an Venedig, Österreich und vor allem an Russland abzutreten. Mit dem Wegfall von wohlhabenden Regionen[2] im Osten wie im Westen des osmanischen Kernlandes fehlten dem Staat nun wichtige Einnahmequellen; die Situation verschärfte sich im Laufe des 18. Jahrhunderts zusehends durch weitere Kriege.

---

1 So der Titel des Werks von İlber Ortaylı (1987): *İmparatorluğun En Uzun Yüzyılı* [Das längste Jahrhundert des (osmanischen) Imperiums].

2 Vgl. Quataert: The Age of Reforms, 768; Akgündüz/Öztürk: Bilinmeyen Osmanlı, 224-227.

Zunächst reagierte Sultan Selim III. (reg. 1789-1807) in den letzten Jahren des 18. Jahrhunderts mit einem ersten Reformprogramm mit dem Namen *Niẓām-ı Cedīd*[3] (Neue Ordnung). Dabei waren Reformen in der Verwaltung und Justiz, im Finanzwesen und Handel und in der Armee vorgesehen. Letztlich beschränkten sie sich jedoch nur auf das Militär, das nun nach europäischem Modell ausgebildet und ausgerüstet wurde. Die Gründung der *Mühendisḫāne-yi Berrī-yi Hümāyūn* (Technische Militärakademie) und *Mühendisḫāne-yi Baḥrī-yi Hümāyūn* (Technische Marineakademie) und der naturwissenschaftlichen Akademie *Mühendisḫāne-yi Sulṭānī* war später im 19. Jahrhundert nicht nur für die Ausbildung von Offizieren und anderen Beamten, sondern auch von vielen Intellektuellen und Künstlern von Bedeutung.[4]

Selims Nachfolger Sultan Mahmut II. (reg. 1808-1839) führte die Vorarbeiten zur Modernisierung des Staatsapparates weiter, indem er formell das Verwaltungssystem nach europäischem Vorbild umstrukturierte. Organe der osmanischen Verwaltung wurden unter neuem Namen nach dem Modell von Ministerien (*neżāret*) umstrukturiert.[5] Mahmut II. gilt als der eigentliche Wegbereiter der tief greifenden Reformen der *Tanẓīmāt*. Er gründete eine medizinische Militärschule (*Ṭıbḫāne-yi Amīre*) und die erste offizielle osmanische Zeitung *Taḳvīm-i Veḳāyiʿ*.[6] Mit der Ausschaltung der Janitscharen 1826 erzwang Mahmut II. militärische Reformen; dieser Akt war aber auch wichtig für den Anstoß der übrigen von westlichen Institutionen inspirierten Reformen, die jetzt erst ohne den Widerstand der Janitscharen und der Notabeln, die am alten System festhielten, ins Rollen geraten konnten.[7]

Die ersten Jahrzehnte des 19. Jahrhunderts wurden erschüttert von Revolten auf dem Balkan seitens der Serben (1804 und 1815), vom Kampf der Griechen um ihre Unabhängigkeit (1821-1830) und dem Verlust weiterer Provinzen wie Bessarabien und Yedisan am Schwarzen Meer und eines Teils des Kaukasus. Ägypten und der Balkan drohten dem osmanischen Staatsgebiet zu entgleiten. Von den großen Mächten versuchten Österreich und Russland verlorene Gebiete zurück zu erkämpfen oder zumindest dem osmanischen Herrschaftsgebiet zu

---

3 Vgl. Akgündüz/Öztürk: Bilinmeyen Osmanlı, 229-231; Göçek: Rise of the Bourgeoisie, 72; Shaw/Shaw: History of the Ottoman Empire vol. II., 47 f.; 106-113.

4 Vgl. ebd.

5 Vgl. Akgündüz/Öztürk: Bilinmeyen Osmanlı, 241 f.; Shaw/Shaw: History of the Ottoman Empire vol. II., 36 f.

6 Vgl. ebd. 35 f., 41 f.

7 Göçek: Rise of the Bourgeoisie, 69; Shaw/Shaw: History of the Ottoman Empire vol. II., 20 f. Die Janitscharen waren Jahrhunderte lang die elitäre Kerntruppe der osmanischen Armee gewesen. Mit der Zeit hatten sie sich in die Gesellschaft eingegliedert und auch hohe Staatsposten bekleidet. Um ihre privilegierte Position zu behalten, mischten sie sich seit dem 17. Jahrhundert in die Politik ein, indem sie Revolten anführten und auch nicht davor zurückschreckten, Sultane abzusetzen, sogar zu ermorden und andere an ihre Stellen zu setzen. Sie vertraten einen reformfeindlichen Konservativismus, vor allem wenn es um Heeresreformen ging.

entreißen, und unterstützten zu diesem Zwecke die Rebellion einiger Völker, die unter osmanischer Herrschaft lebten.

Wie aber entstanden die Reformideen und wer bestimmte über die Reformen? Selim III. und Mahmut II. mussten die Reformen noch energisch und zum Teil mit Gewalt durchsetzen und beabsichtigten mit der Einführung von westlichen und säkularisierten Bildungsformen, eine dem Sultan loyale Gruppe von hohen Beamten und Offizieren auszubilden. Dazu wurden bereits unter Selim an den Militärakademien Bücher aus den europäischen Sprachen ins Osmanische übersetzt. Neben Arabisch, Mathematik, den Naturwissenschaften und technischen Fächern wurden nun auch europäische Fremdsprachen gelehrt. Aus Europa, hauptsächlich aus Frankreich, England, Schweden und Italien, wurden Experten geholt. In der Armee waren europäische Ingenieure, Architekten und Militärbeamte für die Osmanen tätig. Die Söhne wohlhabender Familien wurden zum Studium nach Europa geschickt.[8] In der zweiten Hälfte des 19. Jahrhunderts wurde ein Bedarf an Oberschulen gesehen, die auf die Akademien vorbereiten sollten, woraufhin unter anderem 1863 das *Mekteb-i Ṣulṭānī* (heute *Galatasaray Lisesi*)[9] nach französischem Modell gegründet wurde. Hier zeichneten sich jedoch schon in der Repräsentanz der Schüler die beiden Gruppen der neuen Bourgeoisie ab, die im 19. Jahrhundert als eine neue, westlich orientierte Schicht im Entstehen begriffen war: Weniger als die Hälfte der Schüler an der staatlichen *Galatasaray Lisesi* waren muslimischer Herkunft.[10] Die junge Klasse der Bourgeoisie bestand zum einen aus dem hauptsächlich muslimischen, bürokratischen Bürgertum und zum anderen aus dem nicht-muslimischen, christlichen und jüdischen, kaufmännischen Bürgertum, das durch seinen Handel, sicher auch durch seine Religionszugehörigkeit, engen Kontakt zu Europa und zum europäischen Lebensstil hatte. Eigentlich kannte die osmanische Gesellschaft das europäische Klassensystem nicht, erst durch die Einführung von westlichen Institutionen, den Kontakt mit westlichen Ideen und der Lebensart der europäischen Oberschicht etablierte sich diese Klasse im sozialen Gefüge des Osmanischen Reiches.[11] Es sei noch erwähnt, dass die Entstehung dieser Schicht staatlicherseits gefördert wurde, um eben diese Reformen durchführen zu können; und obwohl sie volksnah sein wollte, distanzierte sie sich jedoch immer mehr von der übrigen Bevölkerung.[12]

Die vom Sultan intendierte absolute Loyalität gegenüber seiner Person trat jedoch nicht ein: Die neue, westlich orientierte Elite trug später zwar auch die Re-

---

8 Göçek: Rise of the Bourgeoisie, 71 f.; Çizgen: Photographer Ali Sami, 33-35.

9 Shaw/Shaw: History of the Ottoman Empire vol. II., 108 f.; 113.

10 Göçek: Rise of the Bourgeoisie, 70; Davison: Tanẓīmāt, 206/2; Shaw/Shaw: History of the Ottoman Empire vol. II., 113.

11 Göçek: Rise of the Bourgeoisie, 44 f., 138-141, 20-23; Akgündüz/Öztürk: 343, 482; Faroqhi: Kultur und Alltag, 276-279.

12 Ebd., 278 f.

formen, hatte jedoch eigene politische Vorstellungen entwickelt. Sie begann, gegen den Sultan zu opponieren und den Reformen ihren eigenen Stempel aufzudrücken. Zudem kontrollierten die höchsten Beamten die Ressourcen des Landes, und zusammengenommen verfügten sie über mehr Macht als der Sultan allein.[13] Die wichtigsten Staatsmänner der *Tanẓīmāt* waren Mustafa Reşit Paşa, Mehmet Emin Ali Paşa, Keçecizade Mehmet Fuat Paşa und in der späten *Tanẓīmāt*-Zeit Ahmet Şefik Midhat Paşa und der Gelehrte Ahmet Cevdet Paşa.[14]

Mit der Proklamation des *Gülḫāne Ḫaṭṭ-ı Hümāyūn*[15] (1839) wurden die Reformen von Selim III. und Mahmut II. zum staatlichen Programm erhoben. Dieses Reformdekret sah neben dem Schutz von Eigentum und Leben und der Abschaffung von Konfiskationen ein neues Strafrecht, öffentliche Gerichtsverfahren und keine Hinrichtung ohne Verurteilung vor. Es betonte vor allem gleiche Rechte für alle Untertanen unabhängig von ihrer *millet*-Zugehörigkeit – ein absolutes Novum.[16] Damit wurden auch Nichtmuslime zu hohen Ämtern zugelassen. Die Proklamation von solchen Rechten heißt jedoch nicht, dass bis dahin im Reich eine absolutistische Herrschaft im europäischen Sinn geherrscht, und die Untertanen keine Rechte besessen hätten: Die Grundlage der osmanischen Herrschaft und des Justizwesens war die Scharia. Dass nun solche Dekrete mit europäisch inspirierten Reformideen und Versprechungen von Rechten proklamiert wurden, war auch ein Ergebnis des Drucks seitens der westlichen Mächte, um einerseits den christlichen Minderheiten gleiche Rechte zu verschaffen und andererseits das osmanische Imperium zu verwestlichen und zu säkularisieren.[17]

Nach dem Krimkrieg gegen Russland (1853-56) wurde das zweite Dekret zu den *Tanẓīmāt* veröffentlicht: Das so genannte *Iṣlāḥāt Fermānı* (Reformdekret) hatte einen anderen Ton als das *Ḫaṭṭ-ı Hümāyūn*, denn es war unter direkter Einflussnahme britischer, französischer und österreichischer Botschafter verfasst worden.[18] Es betonte noch einmal die Gleichheit aller Untertanen, die nötige Verwestlichung der Institutionen und die Notwendigkeit eines europäisch-kapitalistischen Wirtschafts- und Finanzwesens.[19] In dieser Periode der *Tanẓīmāt* wurden neue Justizorgane mit hoher Beteiligung der nicht-muslimischen Bevölkerung eingerichtet und das Zivilrecht kodifiziert.[20] Nach dem Krimkrieg war das Osmanische

---

13 Göçek: Rise of the Bourgeoisie, 73.

14 Vgl. Shaw/Shaw: History of the Ottoman Empire vol. II., 58 f., 61-69.

15 Benannt nach dem *Gülḫāne*-Park im Topkapıpalast, wo das Dekret von Reşit Paşa in Anwesenheit des jungen Sultans Abdülmecit verkündet wurde. Ebd. 59-61; Davison: Tanẓīmāt, 201; Akgündüz/Öztürk: Bilinmeyen Osmanlı, 250-253.

16 Vgl. Davison: Tanẓīmāt, 201/1.

17 Akgündüz/Öztürk: 250-253.

18 Ebd. 253-256; Davison: Tanẓīmāt, 204/2.

19 Ebd.

20 Die *Şūra-yı Devlet* (Staatliche Ratsversammlung) hatte administrative Funktionen und bereitete Gesetze vor. Sie war eine parlamentarische Einrichtung mit einem nicht-muslimischen Anteil von 30 %. Das Hohe Gericht, *Dīvān-ı Aḥkām-ı ʿAdlīye*, hatte eine

Reich zum ersten Mal gezwungen, ausländische Kredite aufzunehmen. Die Finanzierung der neuen Armee nach modernen Standards war eine teure Angelegenheit, weil sie – statt nach dem alten Lehensprinzip mit Ländereien und Naturalien – nun mit Bargeld bezahlt werden musste. Aufgrund des Verlustes von wohlhabenden Provinzen und damit auch geringerer Steuereinnahmen und landwirtschaftlicher Erträge führte an der Verschuldung kein Weg vorbei. Die technische Ausrüstung und neue Kriegstechniken belasteten die Staatsfinanzen so sehr, dass 1876 wegen der extrem hohen Verschuldung der Staatsbankrott erklärt werden musste.[21] Nach den Krisenjahren 1875-76 mit heftigen Revolten auf dem Balkan, dem Staatsbankrott, der steigenden Unzufriedenheit mit Sultan Abdülaziz (reg. 1861-1876) und der massiven Einmischung ausländischer Kräfte in die inneren Angelegenheiten entstand das starke Bedürfnis nach einer Verfassung[22], die der neue Sultan Abdülhamit II. (reg. 1876-1908) nach seiner Inthronisierung verkünden ließ. Zwar ließ Abdülhamit zwei Jahre später das Parlament auflösen und führte einen oftmals als autokratisch bezeichneten Herrschaftsstil[23], doch der Grundstein für die konstitutionelle Monarchie von 1908-1922 war damit einmal gelegt worden. Die Reformen wurden unter ihm weiter voran getrieben, vor allem die Förderung von technologischen Neuerungen, wozu neben dem Ausbau des Eisenbahnnetzes, der Dampfschifflinien und Häfen und des Telegrafennetzes auch die Fotografie gehörte.[24] Am Ende dieser Epoche war das Reich mit wichtigen Errungenschaften ausgestattet, ohne die der Jungtürkischen Revolution und der Türkischen Republik wichtige Grundlagen gefehlt hätten: eine neue Bürokratie mit einer zentralisierten, weit reichenden Verwaltung; ein neues Provinzverwaltungssystem; ein modernes, kodifiziertes Recht; eine Verfassung; ein gewähltes Parlament mit repräsentativer Volksvertretung und parlamentarischem Verfahren; diplomatische Beziehungen zum Ausland; modern ausgebildete und ausgerüstete Truppen; staatliche Schulen und Akademien und eine Teilsäkularisierung von Gesellschaft und Justiz.

Es wird häufig von der Verwestlichung der osmanischen Gesellschaft im 19. Jahrhundert gesprochen; diese Verwestlichung fand jedoch zunächst nur bei den Machthabern und dem Großbürgertum[25] statt. Unter „Verwestlichung" sind der Konsum von importierten Luxusgütern, die Übernahme des westlichen Klei-

nicht-muslimische Beteiligung von 40 %. Vgl. Davison: Tanẓīmāt, 206/1; Shaw/Shaw: History of the Ottoman Empire vol. II., 79 f., 118 f.

21 Für die Zusammenhänge von Krieg, finanziellen Ressourcen und Agrikultur vgl. Göçek: Rise of the Bourgeoisie, 45-50; Davison: Tanẓīmāt, 208/1; Faroqhi: Kultur und Alltag, 275; Shaw/Shaw: History of the Ottoman Empire vol. II., 155 f.

22 Vgl. ebd., 174-178.

23 Ebd., 211-220.

24 Ebd., 211-213, 221-238; Faroqhi: Kultur und Alltag, 276 f., 280.

25 Die Begriffe „Bürgertum", „Großbürgertum" und „Elite" werden in dieser Arbeit im weitesten Sinne verwendet für die führenden bürokratischen und kaufmännischen Gruppen, muslimisch wie nicht-muslimisch, sowohl in der Hauptstadt als auch in den Provinzen.

dungs- und Lebensstils und von Formen europäischer Kunst und Architektur zu verstehen, wobei diese Dinge oftmals nur formal kopiert und teilweise – wie in der Architektur – in bereits vorhandene Formen eingegliedert wurden. Ähnlich wie in Europa eine Zeit lang die „Türkenmode" herrschte, wurde es in der osmanischen Oberschicht *en vogue*, sich mit westlichen Konsumartikeln zu umgeben und sich mit Ballett, Klavierunterricht, Theater und Literatur zu beschäftigen. Im Unterschied zur europäischen „Türkenmode" reichte hier der westliche Einfluss jedoch später in alle osmanischen bzw. türkischen Bevölkerungsschichten hinein.

Im Bereich der Kunst betätigten sich die Sultane seit Mahmut II. als Gönner europäischer Kunstformen. Einen nicht zu unterschätzenden Anteil an der „Verwestlichung" der Osmanen, die vom kosmopolitischen Konstantinopel ausging, hatten die christlichen Minderheiten zusammen mit Europäern und europäischen Botschaftern im Land.

Mit der Verwestlichung des Lebensstils ging eine Säkularisierung der Intelligenz und Elite, vor allem der großen *millets* – Armenier, Griechen und Juden –, als Produkt der *Tanẓīmāt* einher. Als Ursache hierfür ist zum einen die Aufhebung der Monopolstellung der religiösen Führer im Justiz- und Bildungswesen und damit der Verlust ihres Einflusses auf ihre Gemeinschaft, zum anderen die Distanzierung der *millet* von ihren religiösen Führern zu sehen, mit denen sie aufgrund ihres autokratischen Führungsstils und ihrer Korruption unzufrieden waren.[26] Durch die Betonung der Gleichheit aller Individuen vor dem Sultan beabsichtigte man, das Reich vor Separatismus zu schützen, indem die Idee von *ʿOs̱manlılık* (osmanischer Nationalismus) propagiert wurde; sie hatte aber auch einen Anteil an der Säkularisierung der *millet*s:

> Particularly in law and education, secular institutions developed that paralleled Muslim institutions. This dualism was matched by another – the increasing tendency for the [Sublime] Porte to treat all the Sultan's subjects simply as individuals, while at the same time preserving the corporate organisation of the non-Muslim *millet*, from which individuals traditionally derived their own identity.[27]

Die Säkularisierung der muslimischen Elite verlief jedoch nicht glatt, denn sie schaffte es nicht vollständig, sich vom religiösen Leben zu verabschieden und gleichzeitig dem Volk nahe zu sein. Ein Versuch, der besonders seitens der Intellektuellen unternommen wurde. Suraiya Faroqhi bewertet dies als Ergebnis der begrenzten und widersprüchlichen Säkularisierung während der *Tanẓīmāt*-Epoche.[28]

---

[26] Shaw/Shaw: History of the Ottoman Empire vol. II., 123-128; Davison: Tanẓīmāt, 202/1, 205/1.

[27] Ebd., 202/1.

[28] Faroqhi: Kultur und Alltag, 280 f.

4.2 *Die Verbreitung des Bildes*

Das rasche Vordringen des Bildes in den osmanischen Alltag des 19. Jahrhunderts hatte mehrere Gründe: Zum einen veränderte sich die traditionellen Form der türkischen Malerei, die Miniatur. Daneben fanden gedruckte Buchillustrationen und Wandmalereien Verbreitung. Eine wesentliche Rolle spielte auch das Privileg der Herrscher, sich porträtieren zu lassen, und ihre Porträts zur Machtdemonstration in der Öffentlichkeit zu präsentieren, wobei mit der Zurschaustellung von Bildern und Skulpturen[29] im festlichen Rahmen eine lange Tradition der Osmanen im Bereich der Bildkunst schon vorhanden war.

Das Bild war in der osmanischen Welt demnach wohl präsent; es diente bisher nur der Demonstration von herrschaftlicher Macht und Würde; nun aber fand es im Volk weite Verbreitung. Eine damit einhergehende Säkularisierung kann als Ergebnis dieser Aspekte beobachtet werden.[30]

4.2.1 *Neue Stile in der bildlichen Kunst*

Günsel Renda verzeichnet ein neues Verständnis der Bildkunst und einen neuen, europäisch beeinflussten Geschmack in den visuellen Künsten.[31] Bevor die Osmanen in ihrem politischen System westliche Formen übernahmen, hatten sie bereits im 18. Jahrhundert während der „Tulpen-Epoche" (1718-1730) in der Architektur eine Synthese von klassisch-osmanischen und europäischen Elementen aus dem Barock und Rokoko geschaffen.[32] Daneben fingen nun europäische Maler an, nach Konstantinopel zu strömen und auch im Palastumfeld zu wirken.[33] Was aber zunächst ein neuer Kunststil am Hof war, sollte sich schnell in der Elite und im 19. Jahrhundert unter der ganzen Bevölkerung verbreiten. Schließlich war das Bild, auch das figurative, in der Palastkultur schon immer vorhanden gewesen, jetzt aber hielt es in weitere Gesellschaftskreise Einzug. In der Techni-

29 Die Osmanen führten auf öffentlichen Festlichkeiten Tier-, Mensch- und Fabelskulpturen als Zuckerwerk und als Wagendekorationen sowie ähnliche Darstellungen als Feuerwerksfiguren auf. Faroqhi bemerkt dazu, dass „bis jetzt sich noch kein zeitgenössischer Text gefunden [hat], der auf das Problem einginge, ob diese Objekte unter das Bilderverbot fielen oder nicht. Doch könnte man sich denken, dass die vergänglichen Materialien, aus denen diese Festbilder hergestellt wurden, es leichter machte, ihren dubiosen Status zu ignorieren; denn bei Bildern dieser Art lag die Versuchung des Götzendienstes doch eher fern." Faroqhi: Kultur und Alltag, 313; vgl. Metin And (1982): *Osmanlı Şenliklerinde Türk Sanatları*, 89-98.

30 Ebd., 285.

31 Renda: Batılılaşma Döneminde Türk Resim Sanatı, 1700-1850.

32 Çizgen: Photographer Ali Sami, 24; Renda: Batılılaşma Döneminde Türk Resim Sanatı, 17 f.

33 Ebd.

schen Militärakademie (*Mühendisḫāne-yi Berrī-yi Hümāyūn*) trugen Fächer wie technisches Zeichnen, Kartografie, Perspektive und künstlerisches Zeichnen zur Verbreitung des westlichen Stils bei.[34] Die Osmanen blieben aber nicht dabei: In Europa lernten muslimische Osmanen die Techniken der Gravur und des Buchdrucks, daneben fanden unter den türkischen Künstlern in der Malerei nun auch Wasser- und Ölfarben auf Leinwand Verwendung. Die ersten türkischen Leinwandmaler Ferik Ibrahim Paşa und Ferik Tevfik Paşa hatten eine künstlerische Ausbildung in Europa genossen.[35] Unter den technischen Geräten, die den Militärakademien zur Verfügung standen, fand sich auch eine aus England importierte *Camera Obscura*, die zum Preis von 800 *ġurūş* gekauft worden war, wie ein Dokument vom 19. Oktober 1805/25. Receb 1220 überliefert.[36]

Auch die Fotografie wurde kurz nach ihrer Erfindung dem Curriculum der Akademie hinzugefügt.

Es existierten nun zwei Formen der Malerei: die Malerei im europäischen Stil und die Miniatur. Diese Form der Malerei ist ursprünglich als eine Form der Buchillustration mit Szenen aus den Handschriften verbreitet gewesen. Figurative Darstellungen fielen dabei nicht unter das Bilderverbot, da Körperteile nicht vollständig dargestellt wurden.[37] Außerdem hatten Figuren keine individuellen Gesichtszüge, es gab keine Perspektivität und keinen persönlichen künstlerischen Stil. Diese Werkstattarbeiten wurden daher auch nicht als Bilder, sondern als *nakış* (Ornament) angesehen und der Miniaturmaler als *nakkaş* und nicht als *muṣawwir*. Diese abstrakte Form der Darstellung veränderte sich jedoch unter dem Einfluss des europäischen Bildes in der Tulpen-Epoche: Der *nakkaş* Levni belebte die Miniaturmalerei durch kleine naturalistische Elemente, die dem europäischen Stil entlehnt waren, indem er das Spiel von Licht und Schatten, Perspektive und Dreidimensionalität in den klassischen Stil einbaute. Hinzu kamen auch neue Motive: Vermehrt wurden einzelne Figuren, Blumen, Modezeichnungen und Herrscherporträts gemalt. Die Miniatur diente bald nicht mehr als Buchillustration; es wurden eigene Alben mit Bildern im Miniaturstil allein der Bilder wegen angefertigt.[38]

---

34 Çizgen: Photographer Ali Sami, 34; Renda: Batılılaşma Döneminde Türk Resim Sanatı, 18.

35 Ebd., 24-27. Wohlhabende Familien aus den Minderheiten schickten seit je her ihre Kinder zum Studium nach Europa.

36 Vgl. Çizgen: Photographer Ali Sami, 81. 800 Silber-*ġurūş* sind nach Hinz 80 Zechinen (Islamische Währungen, 56), was nach dem aktuellen Gold-Kurs (Stand: 23.2.2006) ca. 5026 € entspricht; Pamuk (Money in the Ottoman Empire, 967 f.) macht eine genaue Angabe zum Jahr 1805, wonach 800 *ġurūş* 100 Zechinen sind, also ca. 6283 €.

37 Vgl. Akgündüz/Öztürk: Bilinmeyen Osmanlı, 96.

38 Renda: Batılılaşma Döneminde Türk Resim Sanatı, 29-45, 194.

4.2.2 *Von der Buchillustration zum Wandschmuck*

Mit der Gründung der ersten Druckerei 1727[39], die osmanisch-sprachige Bücher druckte, wurden erstmals illustrierte Bücher für die Bevölkerung außerhalb des Palastes zugänglich. In diesen Bänden wurden neben Bildern im türkischen Stil auch Gravuren von europäischen Künstlern, die in Konstantinopel arbeiteten, veröffentlicht. Dies ist eine sehr wichtige Entwicklung für die Verbreitung des Bildes im osmanischen Alltag gewesen.[40] Welche Sorge im muslimischen Volk noch fast zwei Jahrhunderte später um die Präsenz dieser Buchillustrationen im eigenen Haus herrschte, belegt folgendes Rechtsgutachten vom Muḥarram 1327/ Januar-Februar 1909. Gleichzeitig zeigt es aber auch, dass seitens der Rechtsgelehrten in dieser Praxis kein Problem gesehen wurde.

> Edebi ve ilmî makalelerden istifade maksadıyla Resimli Kitap gibi resimli mecmuaları evlerimizde bulunduruyoruz. Kitap içinde kapalı bulunan bu gibi canlı resimlerin evlerde bulunmasının dine karşı bir zararı var mıdır? Cevab: Câiz olmayan, namaz kılınacak yerde sûreti açık olarak bir tarafa asmaktır. Ama kapalı olarak evlerde bulunması, ayakla basılan yerde nakış olarak yer alması câizidir. Bir de gâyet küçük olup uzaktan bakıldığında azaları belli olmazsa yahut azaları tam olarak tasvir edilmiş değilse, o zaman alel-ıtlak mekrûh kabul edilemez. Hürmet ve tazim maksadıyla sûret bulunan odaya ise, rahmet melekleri girmez.[41]

Eine ähnliche Entwicklung wie die Miniatur erfuhr die traditionelle türkische Wandmalerei, die in ihren Landschaftsbildern nun mit perspektivischen und dreidimensionalen Elementen experimentierte. Bis Ende des 19. Jahrhunderts blieb diese Art der Malerei, die in der Zeit Mahmuts II. sehr in Mode gekommen war, jedoch nicht-figurativ.[42]

Es scheint, dass mit der Zeit Vorbehalte gegen die Präsenz von Bildern im Alltag verschwanden, und eine relativ schnelle Gewöhnung auch an das figurative Bild vonstatten ging.

---

39 Warum der Buchdruck mit arabischen Lettern so spät eingeführt wurde, fasst Faroqhi: Kultur und Alltag, 111-113 zusammen.

40 Ebd., 18, 21, 24 f.

41 Zit. nach Akgündüz/Öztürk, 96. Originaldokument in Deutschland nicht zugänglich. „Zum Zweck der Nutzung von literarischen und wissenschaftlichen Artikeln besitzen wir Zeitschriften wie *Resimli Kitap*. Ist der Besitz von solchen lebendigen Bildern, die in den Büchern verschlossen sind, schädlich für die Religion? Antwort: Nicht gestattet ist, [dass diese Bilder] am Gebetsort sichtbar aufgehängt werden. Sie sind jedoch in zugedecktem Zustand in den Häusern und als Muster auf dem betretenen Boden erlaubt. Und wenn das Bild besonders klein ist, und von der Ferne betrachtet die Gliedmaßen [der Figuren] nicht zu erkennen sind, oder diese unvollständig dargestellt sind, dann sind sie nicht absolut missbilligt. Gnadenengel betreten keine Zimmer, in denen sich figürliche Darstellungen zum Zwecke der Verehrung und Anbetung befinden." (Übersetz. d. Verf.)

42 Vgl. Renda: Batılılaşma Döneminde Türk Resim Sanatı, 25-27; 195-199.

4.2.3 *Die Tradition von osmanischen Herrscherporträts*

Seit je her ließen die Sultane für ein bestimmtes Publikum Miniaturporträts anfertigen, die seit dem 16. Jahrhundert in Form von Porträtalben zusammen gefasst wurden. Diese Porträts folgten einem bestimmten Bildaufbau: Die Figur erfüllt fast die gesamte Bildfläche und verharrt entweder im Schneidersitz, auf einem Thron sitzend oder stehend. Diese Miniaturen beinhalten immer eine politische Nachricht, repräsentieren stets die Rolle des Sultans als Herrscher und demonstrieren Reichtum und Macht. Auch wenn diese Art der Miniatur im Laufe des 18. Jahrhunderts Elemente der westlichen Malerei übernahm, wurde sie im Laufe des 19. Jahrhunderts vom Hof doch vollständig aufgegeben. Die Mitglieder der Herrscherfamilie und der Hofelite ließen sich nun fast nur noch von europäischen Malern porträtieren. Gemälde blieben anders als Miniaturen nicht zwischen Blättern verborgen, sondern wurden im Palast und in den Residenzen präsentiert. Der Öffentlichkeit allerdings blieben sie zunächst auch nicht zugänglich. Es ist bekannt, dass die westliche Porträtmalerei schon zur Zeit von Mehmet II. dem Eroberer (reg. 1432-1481) den Osmanen bekannt war, wie das berühmte Porträt des venezianischen Künstlers Gentile Bellini von Mehmet dem Eroberer belegt. Obwohl diese Darstellung streng genommen nicht unter das Bilderverbot fällt, weil sie zweidimensional ist und nicht alle Körperteile abgebildet sind, war es nur für Mitglieder des Hofes und ausländische Gäste sichtbar. Doch gerade die Anfertigung solcher Porträts war in der damaligen Zeit ein betonter Verstoß gegen die Regeln der Religion, die der Herrscher vornahm, um seine erhabene Position zu beweisen.[43] Es existiert ein Bericht darüber, dass ein hoch stehendes Hofmitglied in der zweiten Hälfte des 18. Jahrhunderts heimlich ein Porträt von sich anfertigen ließ, sich aber schließlich nicht daran gewöhnen konnte und es dem Künstler zurückgab. Nicht jeder hatte also den Mut, sich porträtieren zu lassen.[44]

Selim III. war der erste Sultan, dessen Porträt als Gravur in London veröffentlicht wurde. Er beauftragte den Hofmaler Kapıdağlı Konstantin, einen osmanischen Griechen, sein Porträt anzufertigen. Der Sultan ließ sein Porträt an europäische Herrscher schicken, beispielsweise im Jahr 1806 an Napoleon. Der Hofmaler Kapıdağlı wurde beauftragt, Porträts von allen bisherigen Sultanen anzufertigen. Diese populären Bilder wurden später immer wieder in Büchern und Gravuren reproduziert.[45]

Erst im 19. Jahrhundert fand das Porträt Verbreitung, und auch die ersten Porträts von Frauen wurden in dieser Zeit angefertigt.[46] Wesentlich beigetragen zu

---

43 Faroqhi: Kultur und Alltag, 312.

44 Vgl. Renda: Batılılaşma Döneminde Türk Resim Sanatı, 20.

45 Öztuncay: The Photographers of Constantinople, 37.

46 Micklewright: Portraiture in the Late Ottoman Empire. Vgl. auch Micklewright (1997): „Musicians and Dancing Girls. Images of Women in Ottoman Painting" in *Women in the Ottoman Empire. Middle Eastern Women in the Modern Era*, ed. Madeline Zilfi, pp. 153-68.

dieser Entwicklung hat sicher die damals im Volk sehr umstrittene öffentliche Präsentation der Porträts von Sultan Mahmut II.: Zur Bekräftigung der zentralisierten Herrschaft im Zuge des Reformbeginns ließ Mahmut Bilder von sich in Regierungsgebäuden und staatlichen Schulen aufhängen. Eine Ehrenmedaille mit dem Namen *Taṣvīr-i Hümāyūn* (Großherrliches Bild) zeigte ein Miniaturporträt des Sultans in Militäruniform und wurde mit einer Kette um den Hals getragen. Der Sultan überreichte solche Medaillen persönlich an ausgesuchte Staatsmänner und Familienmitglieder und schickte sie an ausländische Herrscher. Mit einer festlichen Zeremonie wurde das Porträt in seiner Anwesenheit in der Selimiye-Kaserne präsentiert. Dies war ein Tabubruch ohnegleichen, der natürlich heftige Kritik in religiösen Kreisen auslöste. Um diesen Reaktionen vorzubeugen, überreichte der Sultan 1832 der obersten religiösen Autorität Şeyhülislam Abdülvahab Efendi eine solche Ehrenmedaille und ließ sich von ihm und anderen Rechtsgelehrten eine Fatwa zur Erlaubnis dieser Praxis geben. Auch wenn nach Mahmuts Herrschaft diese Porträts abgehängt oder zugedeckt wurden, wurde die Tradition der Herrscherporträts beibehalten; es wurde lediglich darauf geachtet, dass dabei keine offenen Verstöße gegen die religiösen Gesetze begangen wurden. In der Zeit nach Mahmut II. wurde dann mit der Fotografie das Porträt auch für die weniger privilegierten Schichten erschwinglich und fand auch in der neuen Bourgeoisie großen Anklang.[47]

4.3 *Die Anfänge der Fotografie im Osmanischen Reich*

Es dauerte keine zwei Monate, bis die Nachricht von der Erfindung der Daguerreotypie, der ersten Form der Fotografie, im Osmanischen Reich in der 186. Ausgabe der mehrsprachigen offiziellen Zeitung *Taḳvīm-i Veḳāyiʿ* (19. Şaʿbān 1255/ 28. Oktober 1839) verkündet wurde. Der Artikel versucht, das komplizierte chemische Verfahren der Daguerreotypie zu erklären:

> bu es̲nālarda daḫi ṣırf efkār u diḳḳat […] ve naḳdīne-yi ʿaḳl u firāsetle bir ṣanʿat-ı ġarībe daḫi cilvegar-ı (sic) mirʾāt-i ẓuhūr olmış ve ṣanʿat-ı mez̲kūreniñ mūcidi fransalu mösyö Dager nām bir ehl-i hüner bulunmuş olub mūmāileyh taḥṣīl etmiş oldıġı fünūn-ı mütenevviʿe-yi bedīʿeniñ ās̲ār-ı ḥükmiyesinden olaraḳ istiʿkās-ı şuʿāʿ-yı şems ile tersīm-i eşyā tarīḳini iḫtirāʿ u istiḫrāc eylemiş[.] ve bu ṣanʿat-ı ġarībeniñ ṣūretkar-ı āyine-yi ḥuṣūl olmasına ḫafi ü celīy yiğirmi sene miḳdārı çalışub çabalarayak nihāyet hezār gūne-yi tecārib-i ḳavīye ile fiʿle götürmiş ve ḳuvve-yi şiʿāʿ-yı şems-i münīr ile münaḳḳaş olan eşkāl-ı maḫṣūṣeyi cümleye irāʾe ü iʿlān eyledikde keyfiyet-i bāʿis̲-i taḥsīn-i firāvān olmış […][.] şöyle ki ezmine-yi kes̲īre-denberü bir nevʿ-i sağīr ü kebīr ḳuṭı şeklinde olaraḳ yuḳarusunda cāmdan āyine resminde bir penceresi ve ḥiẕāsında vażʿ olınan eşyā-yı ḫāri-

47 Ebd., 418-420, 422, 430; Akgündüz/Öztürk: Bilinmeyen Osmanlı, 96 f.; Özendes: Photography in the Ottoman Empire, 12-21; Renda: Batılılaşma Döneminde Türk Resim Sanatı, 25, 59-70; Öztuncay: Photographers of Constantinople, 39; Çizgen: Türkiye'de Fotoğraf, 18.

cīye pencere-yi mezbūra ʿaks eder[.] Ḳamara Opsḳura tesmīye olınur bir nevʿ-i ālet mevcūt olmağla sālif üẕ-ẕikr mösyö Dager eşyā-yı meẕkūreniñ ālet-i mezbūre ile bir levḥa üzerine tersimi mümkün olacağını ol emirde cezm etmiş ise de eşyā-yı ḫāricīyeniñ tersimine muḳteżī olan bi l-cümle keyfiyātıñ istiḥṣālı żımnında şemsin taʾs̱īr-i żiyā u şiʿāʿı mümkün olacak baʿż-ı eczā-yı kimyūya (sic) tedārüki īcābātdan oldığını yaḳīnen tefehhüm etmekle ressām-ı mūmāileyh bu ḫuṣūṣıñ istiḥṣālı çāresine çalışaraḳ nihāyet eşyā-yı mezbūreniñ nuḥāsdan maṣnūʿ olarak üzeri ġāyet ince kamış kablu bir levḥa üzerinde tersimi mümkün oldığını [...] levḥa-yı meẕkūre Iyod tesmīye olınur bir nevʿ-i eczā-yı kimyūya (sic) buḫārına bir kaç daḳīḳa ḳarşu ṭutılaraḳ baʿde der-ḥāl sālif üẕ-ẕikr Ḳamara Opsḳura derūnuna ḳonılub eşyā-yı ḫāricīyeniñ miʿkāsı olan cāmıñ taḥtına vażʿ olındıḳda beş daḳīḳa mürūruñda levḥa-yı meẕkūreniñ eşyā-yı mezbūre ile mürtesim olaraḳ çıḳarıldığı meşhūd-ı siġār ü kibār[.] ve ʿale l-ḫuṣūṣ [...] ṣanʿat-ı meẕkūreniñ ḳadr u ḳıymetine bahā olmadığı ve taḥsīl-i ʿulūm-ı riyāżīyeye ḥācet ḳalmaḳsızın kāffe-yi eşyā-yı ẓāhirīyeniñ bi l-cümle keyfiyāt-ı ṭabīʿīye ve ṣanāʿīyesile tersīm ü istiḫrācı mümkün oldığı bedīhī ve āşikārdır[.] [...] ve ġarāʾibden olaraḳ sālif üẕ-ẕikr mösyö Dager īcād u iḫtirāʿkardesi olan ṣanʿat-ı ʿacībeniñ zamān-ı neşr u iʿlānı eṣḥāb-ı ʿilm ü kemāldan Talbat nām bir ingilterelünüñ daḫi ʿaynı olarak sanʿat-ı meẕkūreniñ iḫtirāʿıyla ḫalḳa iʿlānı vaḳtine tesādüf ėtmiş[.][48]

In der 47. Ausgabe der *Cerīde-i Ḥavādis̱* vom 26. Cümād el-āḫire 1257/15. August 1841 wurde die Übersetzung eines ausländischen Zeitungsartikels über die Daguerreotypie veröffentlicht:

---

[48] „In der letzten Zeit hat sich – allein durch das Nachdenken und genaue Studieren und durch das Einsetzen des Verstandes und des Scharfsinns – noch eine seltsame Kunst im Spiegel des Erscheinens gezeigt. Der Erfinder der erwähnten Kunst ist der talentierte Franzose Herr Daguerre. Der Erwähnte [Erfinder] hat als bedeutendes Ereignis von verschiedenen neuen Wissenschaften, die er studiert hat, eine Methode zur Abbildung von Gegenständen durch die Reflexion von Sonnenstrahlen erfunden und ans Licht gebracht. Damit diese seltsame Kunst gelingt, hat er dies, nachdem er geheim und offen 20 Jahre lang daran gearbeitet hat, durch tausend Methoden der zuverlässigen Erprobung in die Tat umgesetzt. Als er diese mit der Kraft der Sonnenstrahlen gestaltete besondere Form der Öffentlichkeit präsentierte und bekannt machte, habe er Lob und Beifall hervorgerufen. Seit alters her [produziert] eine Art kleiner und großer Kasten, welches oben eine Glasöffnung hat, ein Spiegelbild; das auf der Höhe der Öffnung aufgestellte Objekt wird durch diese [in den Kasten hinein] reflektiert. Mit diesem Gerät namens Camera Obscura hatte sich Herr Daguerre die Darstellung des Objekts auf einer Platte zum Ziel gesetzt, wobei er aber die Verfahren zur Erzeugung von sämtlichen zu diesem Zwecke erforderlichen Materialien durch die Einwirkung der Sonne und ihrer Strahlen nach und nach entdeckte. Indem der Erwähnte auf dieses Ziel hin arbeitete, [entdeckte] er endlich die Möglichkeit der Darstellung des erwähnten Objekts auf einer mit Schilfrohr überzogenen Kupferplatte, indem diese Platte einige Minuten lang in den Dampf von einer Art chemische Substanz namens Jod gehalten, umgehend danach in das Innere der Camera Obscura unter die Glasfläche, die das Objekt widerspiegelt, gestellt und innerhalb von fünf Minuten als Abbild des Objektes herausgeholt wird, was von Groß und Klein bezeugt ist. Es ist offensichtlich, dass die Kosten dieser Kunst nicht hoch sind, und ohne die Notwendigkeit von mathematischen Kenntnissen alles Sichtbare mit all seinen natürlichen und künstlichen Eigenschaften [in all seinen Details] dargestellt werden kann. Seltsamerweise fiel die Bekanntmachung der wundersamen Kunst des Erfinders und Entdeckers Daguerre an die Intellektuellen in dieselbe Zeit wie die Bekanntmachung eines Engländers namens Talbot, der die erwähnte Kunst ebenso entdeckte." (Übersetz. d. Verf.)

ālāt-ı hendeseye iḥtiyāc-ı mass ėtmeksizin [...] bir maḥalliñ resm-i mücessemini almaḳ içün Avrupada Dager dedikleri ẕāt bir ālāt īcād edüb Dageriñ başması maʿnāsına Dagerotip tesmīye ėtmiş[.] ve muḳaddimi kitābı daḫi Istanbula gelmiş ve terceme ėdilmiş olmağla bilenleriñ maʿlūmıdır[.] ḳaldı-ki ol ālātı iḥdās̱ ėtdiği naḳl olınan mösyö Dager bu defʿa daḫi yine fotoğrafya nāmıyla yaʿnī āteş yazması ʿünvānıyla bir ālāt daḫi icād ėdüb bir ān ġayr-ı münḳasıma bir milyon taḳsīm olunub içünden bir ḳısmı alındığı taḳdīrce ol müddetiñ içinde bir maḥalliñ veya bir ordunuñ şekl-i mücessemi iḥdās̱ ėtdiği ḳāʿide iḳtiżāsıyla bir levḥa üstünde resm olmuş gözükür[.]

eger belde ise kāffe-i ʾebnīye ve sāʾiresinden başḳa bāġ u bāġçesinde olan aġacların yapraḳları daḫi birer birer farḳ olıyor ımış ve eger ordu ise cümle mevcūdātından fażla adamlarınıñ lehcelerinde olan ḳılları keyfiyetleri daḫī seciliyormış[.] işte bu mādde-yi ġarībe ʿālemden ise de henüz ḳāʿidesini meydāna ḳoymamış oldığından keyfiyet-i ʿamelīyesi bilinmiyor ise de ḳuvvet-i elektriḳaʾiye ile oldığı maʿlūmdır.[49]

4.3.1 Die ersten Fotografen: Reisende und Forscher

Die ersten Fotografen im Osmanischen Reich waren europäische und amerikanische Reisende, die teils aus Abenteuerlust, teils aus Interesse an den vergangenen Kulturen und am Heiligen Land in die islamischen Länder strömten und mit der Fotografie nun ihr Objekt des Interesses dokumentieren wollten. Unter den ersten Fotografen waren auch bekannte Schriftsteller, Archäologen, Maler und Architekten. Der Nahe Osten, der im 19. Jahrhundert noch in weiten Teilen unter osmanischer Herrschaft stand, war schon zuvor in Europa in Gravuren und in der Malerei ein sehr populäres Thema gewesen. Mit der Fotografie, anhand der ein „echtes" Abbild des „Orients" darzustellen beansprucht wurde, wurde mit dem großen Interesse in Europa ein gutes Geschäft gemacht. Diese frühen Daguerreotypien wurden dort in Büchern veröffentlicht, und dienten als Vorlage für Gravuren, die wie Postkarten verkauft wurden. Die ersten Daguerreotypien vom „Orient" waren Landschafts- und Architekturdarstellungen. Erste Menschen und Aspekte des sozialen Lebens kamen später hinzu. Aufgrund der sehr langen Verschlusszeiten der Kameras waren bewegte Figuren auf der fertigen Aufnahme nicht sichtbar.

---

49 „Ohne die Benötigung von geometrischen Instrumenten zur plastischen Darstellung eines Ortes, hat in Europa eine Person namens Daguerre ein Gerät erfunden, das ‚Daguerreotypie', mit der Bedeutung ‚Daguerre-Druck', genannt wird. Dass sein Buch zuvor schon nach Istanbul gekommen und übersetzt worden ist, ist den Interessierten bekannt. Der Erfinder jenes Geräts, Herr Daguerre, hat diesmal ein Gerät namens ‚Fotografie', also Lichtschrift, erfunden, das innerhalb kürzester Zeit die plastische Darstellung eines Ortes oder einer Armee durch die Anwendung der von ihm erfundenen Methode als Bild auf einer Kupferplatte sichtbar macht. Wenn es sich [bei dem Dargestellten] um eine Stadt handle, sei es möglich, außer allen Gebäuden sogar die einzelnen Baumblätter in den Gärten zu erkennen, und wenn es sich um eine Truppe handle, so seien neben allen Anwesenden sogar die einzelnen [Bart-] Haare auf den Gesichtern der Männer zu erkennen. Auch wenn diese seltsame Sache schon bekannt ist, und das genaue Verfahren noch unbekannt bleibt, ist jedoch offensichtlich, dass es mit der Kraft der Elektrizität funktioniert." (Übersetz. d. Verf.)

Die meisten Reisenden unternahmen eine Rundreise per Schiff, wobei die beliebtesten Ziele das Heilige Land – damals auch Teil des osmanischen Staatsgebietes -, Ägypten und Istanbul waren. Die ersten Daguerreotypien wurden von Frédéric Goupil-Fesquet (1806-1893) gemacht, der mit seinem Cousin und dem Maler Horace Vernet nur wenige Monate nach der Erfindung der Daguerreotypie den Nahen Osten bereiste. Seine Fotografien sind nicht erhalten, dienten jedoch als Vorlage für viele Gravuren.[50] Die Technik der Daguerreotypie, die das Bild auf einer Kupferplatte wiedergab, erlaubte noch keine Vervielfältigung der Fotografien. Aufgrund der langen Verschlusszeiten waren die Bilder jedoch sehr detailliert, was große Bewunderung hervorrief. Der Architekt Joseph-Philbert Girault de Prangey (1804-1892) benutzte in seinen Forschungen über islamische Architektur und Monumente die Technik der Daguerreotypie.[51] Unter diesen ersten reisenden Fotografen befand sich auch der französische Schriftsteller Maxime du Camp (1822-1894).[52] Der Fotograf Ernest de Caranza erhielt für seine Fotografien von Konstantinopel und Anatolien den Titel *Sulṭān Fotoǧrafı* (Fotograf des Sultans) und stellte in Paris und in Brüssel aus. Der mehrfach ausgezeichnete Architekt und Maler Alfred Nicolas Normand (1822-1909) fotografierte erstmals die Ruinen von Pompeji und neben Monumenten anderer antiker Kulturen am Mittelmeer auch Konstantinopel. Weil er nicht gut genug zeichnen konnte, benutzte der deutsche Reisende Jacob August Lorent (1813-1884) die Technik der Kalotypie[53], um die Architektur des Nahen Ostens festzuhalten. 1861 veröffentlichte er nach seiner Mittelmeerreise in Mannheim das Buch *Egypten, Alhambra, Tlemsen, Algier: Photographische Skizzen*. Der britische Landschaftsfotograf Francis Bedford (1816-1894) veröffentlichte nach seiner Orientreise mit Prinz Edward von Wales (später König Edward VII.) das Buch *Tour in the East: Photographic Pictures of Egypt, the Holy Land and Syria, Constantinople, the Mediterranean, Athens* mit 25 x 30 cm großen Fotografien, die mit dem Nasskollodium-Verfahren[54] angefertigt worden waren. Ein Verwandter des französischen Botschafters im Osmanischen Reich namens A. de Moustier erhielt vom Sultan den Auftrag, Kleinasien zu bereisen und fotografisch festzuhalten.[55] Die Archäologen Gustave Fougère, David G.

---

[50] 1840-44 wurde in Paris von N. P. Lebours das Buch *Excursions daguériennes: Vues et monuments les plus remarquables du globe* mit Goupil-Fesquets Bildern veröffentlicht. Des Weiteren publizierte er selbst ein Reisetagebuch mit dem Titel *Voyage d'Horace Vernet en Orient.*

[51] Sein Buch *Monuments arabes d'Egypte de Syrie et d'Asie-Mineure dessinés et mesurés de 1842 à 1845* beinhaltet ebenfalls auf seinen Daguerreotypien basierende Gravuren.

[52] Du Camp veröffentlichte 1848 in Paris sein Buch *Souvenirs et paysages d'Orient: Smyrne, Ephèse, Magnesie, Constantinople, Scio* mit hunderten von Kalotypien.

[53] Die Kalotypie (auch Talbotypie), ist ein um 1835 von William Henry Fox Talbot (1800-1877) entwickeltes Verfahren der Fotografie, bei dem zunächst ein Negatives entsteht.

[54] Bei diesem Verfahren werden Glasplatten mit einer Lösung von Kollodiumwolle sowie Iod- und Bromsalzen überzogen, um ein Negativ zu erhalten.

[55] Die Ergebnisse wurden 1864 unter dem Titel *Le tour du monde* in 15 Bänden veröffentlicht. Eines der Bände war *Voyage à Ephèse par l'interiuer de l'Asie Minuere, Bithynie, Phrygie, Lydie, Ionie.*

Hogart und Capitain Barry lieferten auch bemerkenswerte Arbeiten. Aber auch umgekehrt fanden Reisen von der islamischen Welt nach Europa statt. So unternahm der in Diyarbekir geborene syrische Mönch Louis Saboungi (1838-?) 1871 eine fast dreijährige Weltreise, bei der er in Manchester die Patentrechte der von ihm erfundenen stereoskopischen Kamera an die Stereoscopic Company verkaufte und in Paris eine Kamera namens *Automatic Apparatus* entwarf. Von 1890 bis 1908 diente er Sultan Abdülhamit II. als offizieller Übersetzer und Lehrer der Prinzen. Sein erstes Buch handelte von seiner Weltreise und war auf Arabisch und Osmanisch verfasst.[56]

Diese Fotografen arbeiteten unter schwierigen Umständen, und sicher war das Fotografieren auch ein teures und riskantes Unterfangen. Ihre Bilder hatten zunächst noch einen dokumentarischen Anspruch. Schnell wurde jedoch die kommerzielle Kapazität der neuen Technik erkannt, und die ersten Fotografen ließen sich nieder. Damit nahm auch die Porträtfotografie ihren Anfang.

4.3.2 Die ersten ortsansässigen Fotografen in Konstantinopel

In Konstantinopel hatte sich über die Jahrhunderte ein Stadtbezirk herausgebildet, in dem Mitglieder der nicht-muslimischen Minderheiten ihre Geschäfte betrieben und der in erster Linie von europäischen Ausländern bewohnt war. Dieser Stadtteil hinter Galata wurde von den Ausländern *Pera*, von den Türken stets *Beyoğlu* genannt. Das Leben konzentrierte sich dort in der Hauptstraße, die drei verschiedene Namen hatte: Von der Türkisch sprechenden Bevölkerung *Cadde-i Kebīr* (Große Straße) genannt, hieß sie für die Europäer und Levantiner *Grande Rue de Pera* und für die Einwohner des alten Konstantinopel am europäischen Ufer *Doğruyol* (Gerade Straße) - heute *Istiklal Caddesi* (Straße der Unabhängigkeit). Bevor sich im 18. und 19. Jahrhundert mehr und mehr Europäer dort niederließen, war Pera von Handel und Handwerk betreibenden Levantinern bevölkert. Mit der Zeit zogen sämtliche ausländische Botschaften nach Pera oder zumindest in die nähere Umgebung. Dokumente von 1885 zeigen, dass fast 79% der Bevölkerung von Galata und Pera europäische (47%) oder osmanische Christen (32%) waren, während Muslime nur 21% der Bevölkerung ausmachten.[57] Damit erhielt der Stadtteil einen eigentümlichen Charakter; er entwickelte sich nun zu einem feinen und reichen Bezirk Konstantinopels, und bündelte die kosmopolitische Atmosphäre der Stadt in sich. Dies spiegelte sich in den Bauten, Geschäften, Lokalen, Restaurants, Cafés und Theatern wider, in den ausländischen Fahnen vor den Ge-

---

[56] Çizgen: Türkiye'de Fotoğraf, 25-36; Özendes: Photography in the Ottoman Empire, 85-87, 96, 98-100, 107 f., 148 f., 154-156, 191-193; Öztuncay: Photographers of Constantinople, 67-71, 78, 88 f., 154-175; Beaugé: Istanbul: Gravures et photographes, 238-246.

[57] Öztuncay: Photographers of Constantinople, 236, Fußnote 90.

schäften und nicht zuletzt in der gemischten europäischen Bevölkerung, in der Türkisch die am wenigsten gesprochene Sprache gewesen sein soll.[58]

Daher lag es für die ersten Fotografen nahe, sich zuerst in Pera niederzulassen; im Laufe der zweiten Hälfte des 19. Jahrhunderts eröffneten unzählige Fotostudios in der Grande Rue de Pera.

Die ersten Daguerreotypisten, von denen wenige und zudem nur schwer identifizierbare Bilder bekannt sind, versuchten, mit Annoncen auf ihre Arbeit aufmerksam zu machen. So ließ ein französischer „Mösyö Kompa", der seine Dienste wohl auf der Straße anbot, in der 95. Ausgabe der *Cerīde-i Ḥavādiṡ* vom 8. Cümād el-āḫire 1258/17. Juli 1842 folgende Anzeige aufgeben:

> şimdi mösyö Dageriñ şāgerdānından mösyö Kompa Istanbul'a gelmişdir ve Beğoğlunda Belvü dedikleri [?] bütün gün ol arada bulunub icrā-yı ṣanʿat ėdiyor[.] ḫuṣūṣıyla pāzār günleri sāʿat ṭoḳuzda başlayub ādam başına onar ġurūşa olaraḳ seyr içün gelenlere iẓhār-ı maʿrifet eyler[.] bundan başḳa ister ise bir ādam ister ise bir maḥall ve ister ise bir ḳac ādam olaraḳ resmini çıḳarır[.] maḥall dėdiğimiz farżen Üsküdardan Istanbuluñ görünmesi ve Istanbuldan Üsküdarıñ resmi seyr olınması gibidir[.] bir ādamıñ ve bir ḳac ādamın taṣvīriniñ yapılması yüz ġurūşdan yüz yetmiş beş ġurūşa ḳadar olub bir maḥall resmi yüz yiğirmi beş ġurūşdan biñ ġurūşa ḳadar cisāmına göre dir[.] ve mösyö Kompa işbu ṣanʿati ṭālib olana taʿlīm ėdecek [...] dir.[59]

Näheres ist über Kompa oder seine Arbeiten leider nicht bekannt.[60]

Es gibt auch Hinweise darauf, dass ein Deutscher namens „Abresche" sechs bis sieben Jahre lang in Konstantinopel residiert hat, und in der Handkolorierung von Daguerreotypien versiert war. Eine Fotografie von einem armenischen Bankier, datiert 1843, wurde als Werk von Abresche identifiziert.[61]

---

58 Özendes: Photography in the Ottoman Empire, 31-38; Çizgen: Türkiye'de Fotoğraf, 38 f.; Öztuncay: Photograpers of Constantinople, 42.

59 Der erste Teil dieses *iʿlān* erinnert an den zitierten Artikel aus der 186. Ausgabe der *Taḳvīm-i Veḳāyiʿ*. Danach heißt es: „Von den Schülern Daguerres ist nun Herr Kompa nach Istanbul gekommen. Er arbeitet den ganzen Tag in Pera Belle Vue, wo er sich auch aufhält. Besonders sonntags fängt er um neun Uhr an und demonstriert zum Preis von 10 *ġurūş* seine Kunst denjenigen, die zur Schau dorthin kommen. Darüber hinaus fertigt er, je nach Wunsch, das Bild von einem Mann, einem Ort oder von mehreren Männern an. Was wir als „Ort" bezeichnen, ist beispielsweise die Ansicht von Istanbul aus Üsküdar gesehen oder der Blick auf Üsküdar von Istanbul aus betrachtet. Der Preis eines Bildes von einem oder mehreren Männern beträgt zwischen 100 und 175 *ġurūş* und von einem Ort je nach Größe zwischen 125 und 1000 *ġurūş*. Herr Kompa wird Interessierten diese Kunst beibringen." (Übersetz. d. Verf.) Nach Pamuk: Money in the Ottoman Empire, 967 f. entsprechen 10 *ġurūş* ca. 13 €; der Preis für Porträts zwischen 100 *ġurūş* (2 Zechinen) und 175 *ġurūş* entspricht ca. 126 € und ca. 220 €. Der Preis für Landschaftsaufnahmen von 125 bis 1000 *ġurūş* entspricht ca. 157 € bis 1267 €. Berechnung nach dem aktuellen Gold-Kurs (Stand: 23.2.2006). Bei Hinz: Islamische Währungen, gibt es für das Jahr 1842 keine genaue Angabe.

60 Çizgen: Türkiye'de Fotoğraf, 29 f.; Özendes: Photography in the Ottoman Empire, 96 f.; Çizgen: Photographer Ali Sami, 29; Öztuncay: Photographers of Constantinople, 40.

61 Ebd.

Die ersten Daguerreotypisten erreichten aber nicht nur Konstantinopel, sondern auch Izmir, wie ein Artikel in der griechischen Zeitung *Philologia* aus Izmir vom Januar 1842 belegt.

Eines der frühesten Daguerreotypie-Studios von Bedeutung wurde von den italienischen Brüdern Carlo und Giovanni Naya in Pera etabliert. Bei einer Reise durch die europäischen Metropolen lernten diese eigentlich juristisch ausgebildeten Brüder die Technik während der „Daguerreotype mania" in Paris (Bahattin Öztuncay). Nachdem sie in Prag und Wien aufgrund der großen Konkurrenz nicht Fuß fassen konnten, versuchten sie es in Konstantinopel. Auch sie ließen durch eine Annonce in der *Cerīde-i Ḥavādis̱* vom 2. Cümād el-āḫire 1261/8. Juni 1845 (Nr. 232) auf ihre Arbeit und Dienste aufmerksam machen:

> bu defᶜa Parisden Āsitāne'ye gelmiş olan ressām mösyö Naya foṭoġrafya taᶜbīr olınan insān ṣūreti tersīminde fevḳ el-ġāye māhir ve [...] ḥīn-i taṣvīrinde güneşle daḫi muḥtāc olmıyaraḳ ḳarşusundaki ādamıñ sūretini bir ḳac s̱āniye ẓarfında çıḳaracaġı ve her gün ṣabāḫleyin sāᶜat on iki den aḫşām sāᶜat on ikiye ḳadar icrā ėdeceġi resmiñ [...] cisāmına göre bahāsı atmış ġurūşdan yüz ġurūşa ḳadar olaraḳ bir ḳac kişi ber-ā-ber taṣvīr olundıġı taḳdīrce pāzārlıḳ olınacaġı ve merkūmıñ maḥalli Beġoġlunda Doġruyolda Mosfo Sarayı ḳarşusunda olmaḳla oradan su'ūl ḳılınacaġı istek ėdenlere iḫbār olunmuşdur.[62]

Wiederum findet sich in derselben Zeitung am 1. Ṣefer 1265/ 27. Dezember 1848 eine Annonce der Brüder Naya, in der auch das Erlernen der Technik angeboten wird.

Da in der Stadt zu der Zeit schon zahlreiche fremdsprachige Zeitungen erschienen, zielen diese Annoncen eindeutig auf die Türkisch sprechende, also muslimische, Bevölkerung ab. 1857 kehrte Carlo Naya nach dem Tod seines Bruders

---

62 „Der von Paris nach Konstantinopel gekommene Maler Herr Naya ist im Abbilden der menschlichen Gestalt, die Fotografie genannt wird, äußerst talentiert und wird sogar ohne Sonnenlicht innerhalb weniger Sekunden das Bild des Kunden herstellen. Der Preis der Bilder, die er täglich von zwölf Uhr morgens bis zwölf Uhr abends herstellt, beträgt je nach Größe 60 bis 100 *ġurūş*. Wenn mehrere Personen zusammen dargestellt werden, kann gefeilscht werden. Der Aufenthaltsort des Genannten befindet sich in Beyoğlu auf der Grande Rue de Pera gegenüber der russischen Botschaft. Interessierte können sich dort erkundigen." (Übersetz. d. Verf.) Eine Studiokarte der Gebrüder Naya aus Istanbul, datiert 1845, beinhaltet auf der Rückseite einen mit „Dagerotip" betitelten ähnlichen Text, der auch einen ähnlichen Preis nennt: „[Naya birāderleri] bir ḳac kişiniñ taṣvīrini birden ehven bahā ide cisāmetine ve żaḥmetine (sic) göre elli ġurūşdan yüz ġurūşa ḳadar ėdeceklerdir ve kendü ḫānesinde taṣvīrini yapdırmaḳ istiyān (sic) olur." („Die Naya-Brüder stellen Fotografien von mehreren Personen je nach Größe und Aufwand zum günstigen Preis von 50 bis 100 *ġurūş* her, und es ist auch möglich, sich in seinem eigenen Haus fotografieren zu lassen." Übersetz. d. Verf.) Vgl. Abb. bei Öztuncay: Photographers in Constantinople, 42. 1844 wurde der Wert von einem *ġurūş* auf 1,0 g reines Silber herabgesetzt und gleichzeitig die Gold-Lira (6,6 g Feingold) eingeführt; das Silber-Gold-Verhältnis blieb in den darauf folgenden Jahren konstant: Die Preise von den Naya-Brüdern entsprechen nach dem aktuellen Gold-Kurs (Stand 23.2.2006) etwa 63 € (50 *ġurūş* = 1 Zechine) bzw. 75 € (60 *ġurūş*) bis 126 € (100 *ġurūş* = 2 Zechinen). Vgl. Pamuk: Money in the Ottoman Empire, 970-974. Bei Hinz: Islamische Währungen gibt es keine Angabe zu den Jahren nach 1844.

nach Italien zurück, wo er in Venedig bis zu seinem Tod eine sehr erfolgreiche Fabrik für Fotomaterialien führte und zahlreiche Fotoalben veröffentlichte.[63]

Um 1850 hatten sich die Fotografen in Pera bereits einen festen Platz etabliert. Selbst Amateurfotografen konnten sich eine Ausrüstung beschaffen, denn einige Händler von optischen Instrumenten und Uhren führten Daguerreotypie- und Kalotypie-Kameras. Ein erhaltener Lottoschein vom August 1852, mit dem eine Daguerreotypie-Kamera gewonnen werden konnte, belegt den Erfolg und die Popularität der Fotografie.[64] Die große Konkurrenz unter den Daguerreotypisten in Pera führte nach einem starken Preisfall schließlich zum Verzicht auf diese Technik zugunsten anderer Methoden, die auch eine Vervielfältigung der Bilder erlaubten.[65]

4.4 Die wichtigsten Fotografen und Fotostudios

Viele der Fotografen gehörten zu den ethnisch-religiösen Minderheiten der Armenier oder Griechen, in der Regel dominierten Armenier die Branche.[66] Diese waren vor allem in Diyarbekir, Sivas, Trabzon und Konstantinopel als Handwerker, aber auch als Pharmazeuten, Chemiker und Händler tätig, was neben den nötigen finanziellen Ressourcen eine sehr gute Voraussetzung für die Aneignung von technischem und chemischem Wissen war. In den von Armeniern betriebenen Fotostudios wurde das Wissen an Lehrlinge aus der eigenen Volksgruppe weitergegeben, was Generationen von armenischen Fotografen hervorbrachte. Bei der Verwendung von historischen Fotografien für sozialwissenschaftliche oder ethnologische Studien fällt auf, dass Bilder von Armeniern in großer Zahl erhalten sind. In der Regel hatten diese Fotografen, wie z.B. die Abdullah Frères auch, eine künstlerische und technische Ausbildung genossen. Ihre Kontakte nach Europa und ihre Studios in den multiethnischen Städten des Osmanischen Reiches, wo die ersten Kunden Europäer waren, ermöglichten ihnen die erfolgreiche Praktizierung ihrer Arbeit. Von muslimischer Seite fand der Beruf des Fotografen zunächst kaum Interesse, weil Erfindungen wie die Fotografie als ein hohes kommerzielles Risiko betrachtet und Berufe im Militär- oder Staatswesen oder als Religionsgelehrte bevorzugt wurden, weil sie ein geregeltes Einkommen garantierten.[67] Inwiefern das Fehlen von Muslimen unter den frühen Fotografen mit dem islamischen Vorbehalt gegen Bilder zusammenhängt, ist eine Frage, die

---

63 Çizgen: Türkiye'de Fotoğraf, 39-41; Öztuncay: Photographers of Constantinople, 41 f.; Özendes: Photography in the Ottoman Empire, 100-105; Çizgen: Photographer Ali Sami, 29; Özendes: Abdullah Frères, 16.

64 Vgl. die Abbildung und Beschreibung bei Öztuncay: Photographers of Constantinople, 44 f.

65 Ebd., 44-47; Beaugé: Istanbul: Gravures et photographes, 240.

66 Vgl. D. J. Miller (1981): *The Craftman's Art. Armenians and the Growth of Photography in the Near East (1856-1981).* (Unveröffentlichte Magisterarbeit).

67 Graham-Brown: Images of Women, 55, 94 f.; Özendes: Abdullah Frères, 29; Çizgen: Türkiye'de Fotoğraf, 20 f.; Özendes: Photography in the Ottoman Empire, 21.

nach heutigem Wissensstand nicht eindeutig beantwortet werden kann. Wenn man von den Fotografien von Muslimen aus allerfrühester Zeit ausgeht, kann man zumindest sagen, dass Vorbehalte nicht die ganze Gesellschaft umfassten; die ersten muslimischen Fotografen wurden jedoch erst Ende des 19. Jahrhunderts kommerziell tätig.

Im Folgenden sollen die größten Fotostudios und bekanntesten Fotografen vorgestellt werden, die sich mehrheitlich in Pera etabliert hatten, dem europäisch geprägten Stadtteil Konstantinopels. Aus Platzgründen wird unser Augenmerk der osmanischen Hauptstadt gelten, wo das Interesse an der Fotografie am frühesten erwachte. Einige wichtige Fotografen können nicht behandelt werden, beispielsweise der englische Münzdesigner an der osmanischen Münzanstalt James Robertson[68], der durch seine fotojournalistische Berichterstattung vom Krimkrieg bekannt wurde.

4.4.1 Abdullah Frères – Ressām-ı Hażret-i Şehriyārī

Dieses zweifellos wichtigste Fotostudio wurde mehr als 40 Jahre mit seinem Hauptsitz in Konstantinopel betrieben. Die Familie der Abdullah-Brüder war ein bedeutendes und nobles Mitglied der katholisch-armenischen (später orthodoxen) Gemeinde, deren Vorvater im 17. Jahrhundert von Kayseri nach Konstantinopel gekommen war. Die Brüder Vichen, Hevsop und Kevork Abdullah (oder Abdullahyan) erlangten mit ihren fotografischen Arbeiten unter dem Namen „Abdullah Frères“ Weltruhm (Abb. 1-4). Vichen, der älteste Bruder, war ein talentierter Miniaturmaler, der schon für die Sultane Abdülmecit und Abdülaziz gearbeitet hatte, als er vom deutschen Chemiker und Daguerreotypestudio-Inhaber Rabach[69] als Retuscheur angestellt wurde. 1858 übernahmen die drei Brüder das Studio von Rabach, wo sie neben der Porträt-, Landschafts- und Kostümfotografie auch Miniaturbilder auf Elfenbein sowie Ölporträts anfertigten und neben dem Verkauf von Fotoausrüstungen Unterweisung in fotografischem Wissen erteilten. Auf einer Parisreise eigneten sie sich Wissen über die neuesten Techniken und Verfahren der Fotografie an, um noch bessere Ergebnisse erzielen zu können. Mit der Neueröffnung eines Studios in Pera begann der Erfolg der Abdullah-Brüder.

Sie hatten schon viele hohe Staatsmänner porträtiert, als Sultan Abdülaziz (Abb. 1) sie zu einer Porträtsitzung einlud, von dessen Ergebnis der Sultan so be-

---

68 Vgl. Heinz K. Henisch & Bridget K. Henisch (1984): „James Robertson of Constantinople" in *History of Photography* 8/4, 299-313; dies. (1990): „James Robertson of Constantinople. A Chronology" in *History of Photography* 14/1, 23-32; Colin Osman (1992): „The Late Years of James Robertson" in *History of Photography* 16/1, 72-73; Luke Gartlan (2005): „James Robertson and Felice Beato in the Crimea: Recent Findings" in *History of Photography* 29/1, 72-80; Bahattin Öztuncay (1992): *James Robertson: Pioneer of Photography in the Ottoman Empire.*

69 Vgl. Çizgen: Türkiye'de Fotoğraf, 43; Özendes: Photography in the Ottoman Empire, 111; Öztuncay: Photographers of Constantinople, 46, 179.

eindruckt war, dass er sie im selben Jahr (1863) zu den offiziellen Hoffotografen (*Ressām-ı Hażret-i Şehriyārī*) ernannte. Fortan trug das Emblem ihres Studios die *tuğra* des Sultans (großherrliches Siegel), was nun immer mehr, vor allem prominente, Kunden anlockte. Im selben Jahr stellten die Abdullah Frères zum ersten Mal auf der Osmanischen Weltausstellung aus. Großes Aufsehen und internationales Interesse erregten ihre Bilder auf der Pariser Weltausstellung 1867. Dies hing auch mit dem ersten Staatsbesuch eines osmanischen Sultans auf europäischen Boden – Abdülaziz als Gast von Napoleon III. – anlässlich der Eröffnung der Weltausstellung zusammen. Auf dieser Ausstellung waren Fotografien des Großwesirs, Außenministers, hoher Gouverneure, Emire und Generäle, des armenischen katholischen Patriarchen und der traditionellen Kostüme sämtlicher osmanischer *millets*, von bulgarischen Landwirten, Griechen, Montenegrinern, Armeniern, christlichen und muslimischen Frauen bis zu den uniformierten arabischen, kurdischen, armenischen und bosnischen Truppen in der Armee des Sultans zu sehen. Daneben fanden sich dort zahlreiche Fotografien mit den architektonischen und landschaftlichen Besonderheiten der Hauptstadt, darunter viele Bilder, die von späteren Feuern zerstörte Stadtteile und Bauten dokumentieren. Die englische und französische Presse berichtete von diesen Bildern, was – neben dem Medaillon von Napoleon III., das nun ihr Firmenlogo schmückte – den Abdullah-Brüdern fortan ein schier unaufhörliches Interesse von europäischen Fürsten und Staatsmännern einbrachte. Unter anderem fotografierten sie Prinz Edward von Wales und seine Frau Prinzessin Alexandra, Kaiserin Eugénie von Frankreich, den russischen Zaren Friedrich I., die deutsche Kaiserin Augusta, Gustav V., König von Schweden, den König von Italien Victor Emmanuel, Kaiser Franz-Joseph I. von Österreich, Kaiser Friedrich III. von Preußen, die Prinzen Ferdinand von Bulgarien und Milan Obrenovich von Serbien und Nāṣir ad-Dīn Šāh.[70] Von ihnen erhielten sie eine Vielzahl von Auszeichnungen. Es wurden Alben, zahlreiche Kopien und Medaillen der Fotografien bestellt. Eine ihrer wichtigsten Kunden war Prinzessin Refia, eine Schwester von Sultan Abdülhamit II., die sich ebenso wie ihre Schwester Fatma in europäischer Kleidung und unverschleiert ablichten ließ. Refia soll sehr viel Geld für Fotografien aus dem Studio Abdullah Frères ausgegeben haben.[71]

---

70 Vgl. Öztuncay: Photographers of Constantinople, 195-209. Die meisten europäischen Herrscher waren anlässlich der Eröffnung des Suez-Kanals 1869, der hauptsächlich von französischen Geldern finanziert worden war, ins Osmanische Reich und nach Konstantinopel gekommen. Damals wurde in den Istanbul-Reiseführern neben den üblichen Sehenswürdigkeiten ein Besuch im Studio der Abdullah Frères empfohlen. Vgl. Özendes: Abdullah Frères, 101; Özendes: Photography in the Ottoman Empire, 137; Çizgen: Türkiye'de Fotoğraf, 51.

71 Dies belegen einige Rechnungen der Firma an Prinzessin Refia; eine davon weist auf, dass eine großformatige, handkolorierte Fotografie für den Preis von ca. fünf Gold-Lira verkauft wurde. Prinzessin Refia hatte nach dieser Rechnung 145 Gold-Lira zu bezahlen. Vgl. Öztuncay, Photographers of Constantinople, 212 f. Eine Gold-Lira beinhaltete 6,6 g Feingold; nach dem aktuellen Gold-Kurs vom 23.2.2006 entsprechen 5 Gold-Lira ca. 586 € und 145 Gold-Lira ca. 16999 €.

1878 sollte für die Abdullah-Brüder eine unerwartete Katastrophe durch politische Ereignisse eintreten: Nachdem die Russen 1877 den Osmanen den Krieg erklärten, drangen sie bis 16 km vor der Innenstadt Konstantinopels vor, wo sie dem Sultan einen Friedensvertrag aufzwangen, der dem osmanischen Staatsgebiet zahlreiche Gebiete auf dem Balkan wegnahm. Kevork Abdullah, nach Öztuncay ein fanatischer armenischer Nationalist, beging einen fatalen Fehler, der die Existenz der Firma bedrohen sollte: Er stellte Porträts von den siegreichen russischen Generälen her, die den Vertrag mit den Osmanen unterzeichnet hatten; aber dessen nicht genug lud er sie auch zu Banketts in seinem Haus in Pera ein. Der Sultan interpretierte diesen Akt als unerhörte Untreue und entzog darauf den Abdullah Frères den Titel der offiziellen Hoffotografen. Ihnen wurde der Verkauf von Bildern des Sultans und der Herrscherfamilie verboten. Die fehlende Unterstützung des Hofes machte sich rasch bemerkbar; die Firma versuchte, sich nun durch kleinere Aufträge am Leben zu halten. 1886 sah sich die Familie aber gezwungen, einen Teil ihres Besitzes zu verkaufen und sich Geld zu leihen. Hovsep und Kevork Abdullah gründeten ein Studio in Kairo, das neun Jahre lang betrieben wurde. Auf einer Nilfahrt mit dem Khediven von Ägypten Tevfik Paşa über Luxor, Karnak und Assuan bis nach Wadi Halfa an der sudanesischen Grenze machte Kevork eindrucksvolle Fotografien von zahlreichen archäologischen Stätten.

Indessen schaffte es Vichen Abdullah, die Firma aufrecht zu erhalten, und er erhielt sogar vom Sultan den Titel *Fotoğrafi Hażret-i Şehriyārī Abdullah Efendi*. Erste Ansätze einer künstlerischen Fotografie unternahm Vichen mit Detailaufnahmen. Bis dahin hatten die Brüder hauptsächlich Studiofotografien und Landschaftsaufnahmen von dokumentarischem Charakter hergestellt.

Als Kevork 1895 aus Ägypten zurückkehrte, erhielt das Studio nicht mehr so viele Aufträge vom Hof, der jetzt mehr türkische Fotografen mit militärischem Hintergrund beschäftigte, wie Ali Sami Bey und Ali Rıza Bey. Kurz vor der Jahrhundertwende wurde das Studio der Abdullah Frères an die Firma Sebah & Joaillier verkauft. Vichen Abdullah konvertierte einige Jahre vor seinem Tod zum Islam und nahm den Namen Abdullah Şükrü Efendi an.[72] Bei seinem Tod 1904 trug Vichen Abdullah noch immer den Titel *Fotoğrafi Hażret-i Şehriyārī Abdullah Efendi*.[73]

72 Nach Öztuncay wird in einigen armenischen Quellen über die Abdullah Frères Vichen Abdullahs Bedeutung für den Erfolg der Firma ignoriert, weil er zum Islam konvertiert sei; dagegen werde Kevork aufgrund seiner nationalistischen Gesinnung in den Vordergrund gestellt. So würden häufig nur Kevorks Memoiren als Grundlage jeglicher Recherche über die Abdullah Frères genommen, alle anderen Dokumente von beträchtlichem Umfang würden ignoriert. Vgl. Öztuncay: Photographers of Constantinople, 179 und ebd. Fußnote 2.

73 Çizgen: Türkiye'de Fotoğraf, 50-53; Özendes: Photography in the Ottoman Empire, 135-148; Özendes: Abdullah Frères, 20-197; Öztuncay: Photographers of Constantinople, 179-233.

4.4.2 Vassilaki Kargopoulo – Ẕāt-ı ʿĀlī-yi Ḥażret-i Pādışāhın̄ Ser-Fotoġrafı

Vassilaki (Basile) Kargopoulo war ein griechischer Osmane, der mit seiner fotografischen Tätigkeit zu den größten Konkurrenten der Abdullah-Brüder zählte. Über seine Herkunft und seine fotografische Ausbildung ist nichts Näheres bekannt, außer dem Geburtsjahr 1826. Die ersten Hinweise auf ein Studio von Kargopoulo in Pera stammen von 1850. Vermutlich hat er wie viele andere auch als Daguerreotypist mit der Porträtfotografie begonnen. Die Identifikation von Daguerreotypien aus Kargopoulos Hand ist jedoch aufgrund der fehlenden Signierungen dieser frühen Fotografien nicht möglich.

Ende der 1850er Jahre begann der steigende Erfolg des Kargopoulo-Studios in Pera. Neben den gefragten Studioporträts fotografierte er für den Verkauf an Touristen mit Hilfe von ausgesuchten Modellen, Accessoires und Studiodekorationen die charakteristischen Kostüme und Menschentypen Konstantinopels, wie zum Beispiel Straßenhändler und die verschiedenen Völker. Diese „Genrefotografien“ waren bei den europäischen Touristen, die sich damit ein Souvenir vom „exotischen Orient“ mit nach Hause nehmen konnten, sehr gefragt. Daneben hielt Kargopoulo auch Stadtszenen, Architektur und Monumente fest (Abb. 5-7). In den 1870er Jahren gewann seine Karriere mit seiner ersten Präsentation bei der Zweiten Olympia-Ausstellung in Athen und der Internationalen Industrie- und Kunstausstellung in Neapel (1870) eine internationale Dimension. Kargopoulo fertigte auch einige der wichtigsten Panoramafotos von Konstantinopel an, was eine der schwierigsten Herausforderungen für einen Fotografen darstellte. Diese 360°-Panoramen bestehen aus bis zu 12 einzelnen Fotografien, die nebeneinander angebracht eine Länge von 3,50 m ergeben. Kargopoulo stellte sechs dieser einzigartigen Panoramen vom Bosporus und eines vom Goldenen Horn her. In dieser Zeit arbeitete Kargopoulo bereits für Mitglieder des Hofes, wie eine Rechnung unter anderem an Prinzessin Refia in Höhe von 69 Gold-Lira belegt (ca. 8089 €). Unter Sultan Abdülhamit II. erfolgte Kargopoulos Erhebung zum Hoffotografen infolge der Entlassung der Abdullah Frères nach Kevork Abdullahs Fraternisierung mit den russischen Feinden. In einem großherrlichen Dekret (*fermān*) wurde Kargopoulo 1878 die Aufgabe übergeben, den Hof und die Herrscherfamilie, den Innen- und Außenbereich all ihrer Paläste, Residenzen und Eigentümer zu fotografieren. Den Titel *Ẕāt-ı ʿĀlī-yi Ḥażret-i Pādışāhın̄ Ser-Fotoġrafı Vasilaki Ḳarġopulo* (Vassilaki Kargopoulo, Hauptfotograf des erhabenen Herrn Padischah) behielt er bis zu seinem Tod 1886. Neben der *tuġra* führte Kargopoulo osmanische Ehrenmedaillen und Embleme weiterer internationaler Auszeichnungen auf seinem Firmenlogo. Eine Rechnung vom Juli 1878 enthüllt, dass das Studio für den Sultan gegen 600 osmanische Gold-Lira (ca. 70343 €) fünf Bosporus-Panoramen, etwa 160 Stadtansichten von Konstantinopel und vom Yıldız Sarayı, der Residenz Abdülhamits II., 200 Stereografien[74] von Istanbul, ein Album mit 438 Porträts von Palastgehilfen, 122 Pferdefotografien, 35 Bilder von der Leibgarde des Sultans, 269 Fotografien von Ägypten und drei Fotografien von Plevna in Bulgarien, eins davon in Farbe, auslieferte. Zwischen 1879 und 1885 stellte Kargopoulo Fotoserien der osmanischen Dynastie und Staatsmänner her, die zum einen für den Privatgebrauch im Palast, zum anderen auch in Präsent-Alben für inländische und ausländische Gäste und Mitglieder der Herrscherfamilie verwendet wurden.

Mit der Eröffnung eines zweiten Fotostudios am anderen Ende der Grande Rue de Pera dominierte Kargopoulos Position in Pera eindeutig. Kargopoulo eröffnete vermutlich ebenso das erste Fotostudio in der alten osmanischen Hauptstadt Edirne (Adrianopolis), die im 19. Jahrhundert genauso wie Konstantinopel eine multiethnische Bevölkerung hatte. Nur ein Drittel der etwa 100.000 Einwohner Edirnes waren türkische Muslime, die übrige Bevölkerung bestand aus osmanischen Griechen, Juden, Bulgaren und Armeniern. Kargopoulos Studio befand sich im griechischen Viertel der Altstadt, wo er eine gewisse Zeit lang mit seinem aus Venedig stammenden Schwager Emmanuel Foscolo kooperierte. Bei dem Einfall der russischen Armee 1878 in Edirne wurden Kargopoulos Glasnegative geplündert. Ein Teil der Negative, der an den griechischen Fotografen Mihailides übergeben wurde, wurde aber bei einem großen Brand 1905 vollständig zerstört. Daher sind Kargopoulos Fotografien von Edirne sehr rar. Allerdings ist ein äußerst interessantes Bild erhalten, das den Fotografen selbst bei der Arbeit am Rande des Tunca-Flusses zeigt und von seinem Sohn Konstantin stammt.

Eine Fotografie von Kargopoulo, welche auf Befehl des Sultans für polizeiliche Zwecke verwendet wurde, ist ein frühes Dokument der kriminologischen Arbeit mit der Fotografie im Osmanischen Reich: Kargopoulo war Mitglied der führenden Freimaurerloge namens *Proodos* (Fortschritt) in Konstantinopel, in die neben dem kurz herrschenden Sultan Murat V. auch die Prinzen Murat, Nurettin und Ahmet Kemalettin nach einer Initiation unter der Führung des Griechen Cleanthi Scalieri eingetreten waren. Eine Fotografie, auf der Scalieri mit den freimaurerischen Insignien posiert, wurde vervielfacht und an die Geheimagenten des Sultans verteilt, mit dem Auftrag, ihn zu suchen. Des Weiteren leitete Kargopoulo die fotografische Erfassung aller Häftlinge in den Gefängnissen Konstantinopels, um den Polizeistationen die Erkennung von Wiederholungstätern zu erleichtern.

Kargopoulo war es auch, der als einer der frühesten Fotografen einen fotografischen Beitrag zur Astronomie im Osmanischen Reich leisten sollte, indem er eine Teilmondfinsternis für das Staatliche Observatorium dokumentierte.

---

[74] Als Stereografie bezeichnet man ein Aufzeichnungsverfahren, mit dem dreidimensional erscheinende Bilder erzeugt werden.

Als offizieller Hoffotograf gehörte zu Kargopoulos Aufgaben auch die Herstellung von dokumentarischen Bildern über die Ereignisse und politische Entwicklungen im Land für Sultan Abdülhamit II., der wegen der Angst um sein Leben seine Residenz kaum verließ. So dokumentieren Kargopoulos Bilder zahlreiche Orte, Ereignisse und historische Momente[75] des Osmanischen Reiches in der zweiten Hälfte des 19. Jahrhunderts.

In den Jahren vor seinem Tod erhielt Kargopoulo von zahlreichen europäischen Fürsten, die in Konstantinopel residierten, Ehrenmedaillen und Auszeichnungen für seine Arbeit. Er fotografierte und stellte fotografische Alben her unter anderem für Kronprinz Rudolph von Österreich, König Oskar II. und Prinz Eugen von Schweden und Norwegen und König Christian XI. von Dänemark. 1886, auf dem Höhepunkt seiner 35-jährigen Karriere, starb er nach einem plötzlichen Herzinfarkt. Kargopoulos Tod wurde jedoch in keiner der mehrsprachigen Zeitungen, noch in den griechisch-orthodoxen Kirchenbüchern und Publikationen oder auf Grabsteinen erwähnt. Dass sein Begräbnis auf persönlichen Befehl Sultan Abdülhamits II. hin aus der Staatskasse bezahlt wurde, deutet Öztuncay als einen eindeutigen Hinweis auf eine geheime Konversion Kargopoulos zum Islam. Auch das seltsame Schweigen in der griechisch-orthodoxen Gemeinde bis ins 20. Jahrhundert über Leben und Werk dieses bedeutenden Fotografen – ähnlich wie die Ignorierung der Leistungen Vichen Abdullahs – interpretiert Öztuncay als Zeichen dafür, dass die Existenz Vassilaki Kargopoulos vollständig aus den griechisch-orthodoxen Gemeindebüchern gestrichen wurde.[76]

4.4.3 Pascal Sebah und Sebah & Joaillier

Pascal Sebah, 1825 in eine vermutlich libanesische melkitisch-katholische Familie hinein geboren, studierte in Venedig Malerei und Miniaturmalerei, bevor er nach Konstantinopel aufbrach. Über seine Ausbildung zum Fotografen ist bisher nichts bekannt. Sein erstes Studio namens *El-Chark* bzw. *aš-Šarḳ* (Der Osten) eröffnete er 1857 gegenüber der katholischen Kirche St. Marie in Pera. Zu dieser Zeit war die Fotografie bereits derart populär und Sebahs Studio offensichtlich so erfolgreich, dass in den 1860ern ein neues Studio auf der Grande Rue de Pera eröffnet wurde, wo er mit seinem Bruder Cosmi Sebah bis 1875 zusammen arbeitete. Ein weiteres Studio existierte in der noblen Passage *Jardin des Fleurs* in Pera (heute *Çiçek Pasaji*). Sebah war Meister in der Landschafts- und Porträtfotografie. Was sein Studio aber von den Abdullah Frères und Vassilaki Kargopoulo abhebt,

75 Beispielsweise hielt Kargopoulo am 28. Juli 1881 den Moment der Abfahrt Midhat Paşas mit dem Schiff nach Taif/Yemen nach seiner Verurteilung zu Exil und lebenslanger Haft von Abdülhamits II. Geheimgericht fotografisch fest.

76 Öztuncay: Photographers of Constantinople, 234-255; Çizgen: Türkiye'de Fotoğraf, 41 f.; Özendes: Photography in the Ottoman Empire, 105 f.; Öztuncay: Vassilaki Kargopulo: Photographer to His Majesty the Sultan.

sind die orientalistischen[77] Genrefotografien, die hauptsächlich für den kommerziellen Touristenmarkt hergestellt wurden. Touristen ließen sich gern in orientalischen Kostümen vor einer entsprechenden Studiodekoration ablichten, und das Studio von Sebah war berühmt für seine große Auswahl an Kostümen, Requisiten und Studioarrangements. Mithilfe von Modellen stellte Sebah Serien von „Kostümfotografien" her, die das Leben im Osmanischen Reich anhand der Präsentation der verschiedenen „Menschentypen" widerspiegeln sollten, vom Straßenhändler über die verschiedenen Völker bis zum Palastwächter (Abb. 8-10). Diese Bilder sind jedoch nicht als Repräsentation der osmanischen Lebenswirklichkeit aufzufassen, sondern entstanden als Produkt der kommerziellen Vermarktung einer durchweg europäischen Vorstellung des „Orients". Gegen ein Entgelt wurden in diesen Bildern teilweise echte Personen, größtenteils jedoch Modelle abgelichtet, die bei einer genauen Betrachtung als nicht authentische Figuren identifiziert werden können. Wenn auch die Fotografie in dieser Zeit noch nicht den Anspruch hatte, Kunst zu sein, so haben Sebahs orientalistische Frauenporträts doch einen deutlichen ästhetischen und künstlerischen Charakter.

In der Landschaftsfotografie brachte Sebah auch einzigartige und wichtige Arbeiten hervor. Aus einem Katalog mit dem Namen *Catalogue des vues d'Egypte, Nubie, Athènes, Constantinople et Brousse* (Bursa) konnten Kunden aus 400 Fotografien und sechs Panoramabildern auswählen und bestellen. Ein Zweig der Firma in Kairo stellte auf Wunsch Fotografien von Kairo, Alexandria, den Ruinen von Luxor, Karnak, Theben, Assuan und Nubien her.

Ähnlich wie die Abdullah-Brüder und Vassilaki Kargopoulo erlangte Sebahs Arbeit Anfang der 1870er Jahre internationale Aufmerksamkeit: Auf einer Ausstellung der *Société Française de Photographie* erhielt er eine Auszeichnung für seine Istanbul-Ansichten und sein vom Galata-Turm nahe Pera aufgenommenes 360°-

[77] Der „Orientalismus" ist ein aus dem politischen und populären Interesse an der islamischen Welt im 18. und 19. Jahrhundert entstandenes kulturelles Phänomen in Europa, das in einem komplexen Themenfeld weniger durch Wissen, sondern mehr von der Imagination der islamischen Welt geprägt ist, die als „Orient" in einer Art Gegenkultur zu „Europa" ohne differenzierte geografische, politische oder kulturspezifische Zuordnung aufgefasst wurde. Die Theorie des „Orientalismus" wurde von Edward Said (1978) in *Orientalism* (New York: Pantheon Books) begründet, was zum Anfang einer eigenen Forschungsrichtung geriet. In der europäischen Malerei entwickelte sich die orientalistische Schule, die von großem Kommerz und Popularität gekennzeichnet war. Sie meinte, aus der europäischen Vorstellung heraus das Leben im „Orient" darzustellen, was sich in erster Linie in Haremsszenen, Szenen von Bazaren und der verschiedenen „Volkstypen" mit ihren besonderen Trachten zeigte. Diese Schule der Malerei wurde allerdings auch von einigen Osmanen übernommen, so von dem berühmten Maler Osman Hamdi Bey, der sein Handwerk von einigen orientalistischen Malern in Paris erlernt hatte. Fotostudios wie das von Pascal Sebah und den Abdullah Frères nutzten das populäre Interesse am „Orient" in ihren Genrefotografien kommerziell aus. Problematisch an diesen Bildern ist jedoch der Anspruch der Fotografie, Realität abzubilden, während Gemälde ausdrücklich Ergebnisse der Phantasie sind. Vgl. Öztuncay: Photographers of Constantinople, 49-67; Graham-Brown: Images of Women, 70 f., 74 f., 4-14, 39-47.

Stadtpanorama. Anlässlich der Wiener Weltausstellung 1873 stellte Sebah eine Serie von Kostümfotografien her, die auch in der berühmten Publikation *Les costumes populaires de la Turquie en 1873* veröffentlicht wurde, eine Zusammenarbeit des osmanischen Malers Osman Hamdi Bey mit dem französischen Künstler Marie de Launay.[78] Für seine Fotografien von Konstantinopel und Ägypten erhielt Sebah vom österreichischen Kaiser eine Auszeichnung. Weitere internationale Auszeichnungen erhielt er 1876 in Philadelphia und 1878 in Paris. Zuvor hatte er die Osmani-Ehrenmedaille von Sultan Abdülaziz erhalten.

Ein Feuer vernichtete 1881 die komplette Ausrüstung und sämtliche Negative in Sebahs Werkstatt, was fast dem Ende der Firma gleichkam, denn alle Mitarbeiter mussten entlassen werden, und Sebahs wichtigster technischer Mitarbeiter Antoine Laroche verließ Konstantinopel, um in Kairo ein eigenes Studio zu gründen. Sebah konnte sein verlorenes Werk nicht mehr vollständig wiederherstellen. In den letzten Jahren seines Lebens konzentrierte er sich auf die Porträtfotografie, bevor er im Juni 1886 starb.

Zunächst schien es, dass die Firma nicht weiter existieren würde. Es fand sich aber ein Istanbuler namens Policarpe Joaillier (1848-1904), der das Studio weiterführen wollte. Er setzte die charakteristische Arbeit von Pascal Sebah nun unter den Namen *Sebah & Joaillier* fort, indem er in einer groß angelegten Serie Monument- und Landschaftsfotografien von Konstantinopel herstellte. Auch produzierte er die im Feuer zerstörte Serie von orientalistischen Kostümfotografien und eindrucksvollen Panoramen neu. Nachdem Joaillier erfolgreich die frühere Popularität des Studios wieder hergestellt hatte, versuchte er, mit Hilfe eines vom Sultan ausgezeichneten Fotoretuscheurs, durch die Anfertigung eines besonderen Albums mit Fotografien der ehemaligen osmanischen Hauptstadt Bursa beim Sultan Eindruck zu hinterlassen – in der Hoffnung auf den Posten des offiziellen Hoffotografen. Der Sultan war beeindruckt und überreichte der Firma Sebah & Joaillier die Mecidi-Ehrenmedaille. Zur gleichen Zeit versuchte jedoch Vichen Abdullah, seinen früheren Status des offiziellen Hoffotografen wieder zu erhalten, was ihm 1889 auch gelang. Die Firma Sebah & Joaillier wurde aber mit dem Titel *Photographen des Preußischen Hofes und der Botschaften* für ein Album mit u.a. Bildern von der Ankunft Kaiser Wilhelms II. in Konstantinopel beehrt.

Nach 1900 litt die Firma unter der endlosen Kopierung ihrer Fotografien im Postkartenformat, das damals sehr populär war. Weil nun überall die Sebahschen Motive und Bilder als Massenartikel für Touristen käuflich waren, interessierten sich nur noch wenige für die teureren Originalfotografien. Für die extrem hohe Summe von 1200 Gold-Lira (ca. 140685 €) kaufte Joaillier 1899 die Firma Abdul-

[78] Osman Hamdi Bey/Marie de Launay (1873): *Les costumes populaires de la Turquie en 1873. Ouvrage publié sous le patronage de la Commision Imperiale Ottoman pour l'Exposition Universelle de Vienne.* Vgl. Johann Strauss (2001): „Les costumes populaires de la Turquie en 1873 [Turkish Title: Bin ikiyüz doksan senesinde elbise-i osmaniyye]" in *The Beginnings of Printings in the Near and Middle East: Jews, Christians and Muslims*, ed. K. Kreiser, 76 f.

lah Frères komplett auf, wovon er sich bessere Geschäfte erhoffte. Joaillier starb jedoch unerwartet im Februar 1904, und zunächst führte sein Sohn Gustave Joaillier mit Jean Sebah, Pascals Sohn, die Firma für kurze Zeit weiter. Gustave verließ jedoch bald Konstantinopel, und Jean Sebah arbeitete bis 1934 mit seinem neuen Partner Agop Iskender weiter. Ein Katalog von 1932 zeigt auf, dass die Firma immer noch dieselben Genres in der Fotografie anbot: 1660 Fotografien von Konstantinopel und seinen Menschen, 140 von Bursa, 102 von Izmir, Aydın und den antiken Städten Ephesos und Pergamon, den Rest bilden Fotografien von Ankara, Edirne und Konya. Danach übernahm Agops Sohn Bedros Iskender die Firma, die er unter dem Namen *Foto Sabah* bis Anfang der 1950er Jahre weiterführte. Damit existierte die ursprünglich von Pascal Sebah gegründete Firma mit ihrem Hauptsitz in Pera an die hundert Jahre lang.[79]

4.4.4 Boğos Tarkulyan und Studio Phébus

Boğos Tarkulyan (?-1940) wurde als Sohn eines armenischstämmigen Fischers im Kumkapı-Bezirk von Konstantinopel geboren und wuchs in Armut und Not auf. Nach einer Aussage des Fotografen lernte er die Fotografie bei den Abdullah-Brüdern. Während seiner mehr als fünfzigjährigen Karriere sowohl in der osmanischen als auch der republikanischen Ära profilierte sich Tarkulyan vor allem in der Studio-Porträtfotografie. In seinen Studiokarten verwendete Tarkulyan die europäisierte Variante seines Namens *Paul Tarkoul*, später war er als *Phébus Effendi*, *Febüs Efendi* oder auch *Paul Phébus* bekannt. Die erste Erwähnung eines Studios von Tarkulyan findet sich in einem osmanischen Handelsregister von 1882; er gab es aber einige Jahre später auf, um auf der Grande Rue de Pera sein berühmtes Studio *Phébus* zu eröffnen. In der Frühzeit hatte Tarkulyan einen Partner, von dem außer seinem Namen bisher nichts bekannt ist.

Im November 1890 beantragte er eine Erlaubnis für das Fotografieren des Bosporus und der Ufer von Kağıthane an den Ausläufern des Golden Horns, was er nach einer schriftlichen Erlaubnis vom Großwesir Mehmet Kamil Paşa auszuführen begann. Hieraus wird deutlich, dass zu der damaligen Zeit in Konstantinopel alle Landschafts- und Stadtfotografen eine ausdrückliche Erlaubnis benötigten, um ihre Arbeit durchführen zu können. Diese Bilder und Fotografien von Bursa waren im Studio Phébus erhältlich. Die geringe Anzahl der erhaltenen Landschaftsbilder von Tarkulyan weist jedoch darauf hin, dass er nicht den gewünschten kommerziellen Erfolg in diesem Genre erzielen konnte. Das Studio spezialisierte sich auf die Porträtfotografie und porträtierte neben den täglichen großbürgerlichen Kunden zahlreiche wichtige Persönlichkeiten aus Politik, Theater, Oper und der Literatur-

---

[79] Özendes: Sébah and Joaillier; Öztuncay: Photographers of Constantinople, 259-280; Çizgen: Türkiye'de Fotoğraf, 43-50; Buchner: Die Photographenfirma Sebah & Joaillier; Özendes: Photography in the Ottoman Empire, 112-135; Ritchie: Sébah and Joaillier, 87 f.

szene. Zu nennen wären da Muẓaffar ad-Dīn Šāh von Persien, der Tarkulyan 1900 mit einer Ehrenmedaille und dem Titel des königlichen Fotografen auszeichnete, Kaiser Wilhelm II. von Preußen, König Ferdinand von Bulgarien und Karl I. von Österreich. Ein Porträt von Mustafa Kemal, dem Gründer der Türkischen Republik, aus dem Jahre 1926, diente später als Vorlage für die Atatürk-Darstellungen auf den ersten republikanischen Banknoten von 1927.

Für Sultan Abdülhamit II. fertigte Tarkulyan zwei Alben mit 70 Bildern von mittleren und höheren Militärschulen und Akademien und deren Schülern an, die zu der Kollektion der Abdülhamit-Alben gehören. Bei dieser Arbeit freundete sich Tarkulyan mit einigen türkischen Militärfotografen an, von denen er Bahriyeli Ali Sami beim Fotografieren von ausländischen Marineadmirälen half. Auch Mitglieder der osmanischen Herrscherfamilie wurden von ihm porträtiert. Es existieren viele über einen Meter große Vergrößerungen von Tarkulyan-Porträts, die aus professioneller Hand koloriert und mit „Ohannes Kürkçiyan“ und dem Studionamen signiert wurden. Das Phébus-Studio war seinerzeit berühmt für die handgemalten Porträthintergründe und besonderen Accessoires, zu denen ein eigens aus Frankreich importiertes berühmtes Pappmaché-Pferd gehörte, das als Stütze und Dekor für Kinderporträts diente. Das Studio arbeitete mit ähnlichen Effekten wie die Abdullah-Brüder und Pascal Sebah, hatte aber mit Kinderporträts, was Tarkulyan selbst als schwierigste Aufgabe bezeichnete, wohl sehr großen Erfolg.

Anfang der 1900er Jahre wurde es vollständig durch eines der ständig in der Stadt wiederkehrenden Feuer zerstört. Es konnte sich jedoch schnell wieder etablieren und zog einige Jahre später in noch größere Räumlichkeiten in der Grande Rue de Pera.

Auch zur frühen dokumentarischen Fotografie trug Tarkulyan etwas bei: Nach dem Attentat armenischer Extremisten auf Sultan Abdülhamit II. am 21. Juli 1905, bei dem der Sultan unversehrt blieb, aber 26 Menschen getötet und 56 verletzt wurden, sollte eine Kommission einen Untersuchungsbericht verfassen, für den Tarkulyan im Ministerium für Öffentliche Sicherheit Fotografien von Bomben, Zündern, Sprengkapseln, Dynamitstangen und einem Fahrzeug herstellte und Exemplare davon dem Sultan überreichte. Bevor Abdülhamit II. 1909 abgesetzt wurde, verlieh er Tarkulyan den Titel *Fotoġrafı Ḥażret-i Şehriyārī* und einen Mecidi-Orden. Einen weiteren Orden erhielt Tarkulyan, neben 50 Gold-Lira (ca. 5862 €), für eine Porträtfotografie des Sultans, die er bei der einzigen Gelegenheit zur Ablichtung Abdülhamits II. herstellte, nämlich bei Muẓaffar ad-Dīn Šāhs Staatsbesuch im Herbst 1900.[80]

[80] Öztuncay: Photographers of Constantinople, 202-291; Çizgen: Türkiye'de Fotoğraf, 57 f.; Özendes: Photography in the Ottoman Empire, 175-177.

4.4.5 Guillaume Berggren

Guillaume Berggren ist der bedeutendste Landschaftsfotograf, der in Konstantinopel ein Studio betrieben hat. Geboren 1835 in Stockholm, lernte Berggren nach dem Choleratod seiner Mutter als 15-jähriger den Beruf des Zimmermanns, den er nach wenigen Jahren in Stockholm aufgab. 1855 brach er per Schiff ohne ein bestimmtes Ziel auf. Er blieb zunächst eine Weile in Hamburg, ließ sich dann in Berlin nieder, wo er bei einer älteren Dame, die ein Fotostudio betrieb, als Tischler arbeitete. Die Fotografie begann ihn zu interessieren, also leitete er das Studio für die Besitzerin und ließ sich in der Technik der Fotografie unterrichten. Nach dem Tod der Besitzerin brach Berggren per Schiff Richtung Südosten auf. Nach Aufenthalten in Ljubljana und Bukarest arbeitete er in Odessa in einer Mine. 1866 bestieg er das Schiff, um nach Marseille zu fahren; beim Zwischenstop in Konstantinopel beschloss Berggren jedoch kurzerhand, in dieser Stadt zu bleiben, wo er sein restliches Leben verbringen sollte.

Die ersten Jahre seiner fotografischen Tätigkeit brachte er in Büyükdere zu, einer landschaftlich reizvollen Sommerresidenz der wohlhabenden muslimischen und christlichen Osmanen am Bosporus und der meisten ausländischen Botschaften. Er betrieb in dem Hotel *La Pierre* ein kleines Porträtstudio, das sich jedoch nur im Sommer als erfolgreiches Unternehmen führen ließ. Zwar sind Fotografien aus diesem frühen Studio sehr rar; eine Serie von Landschaftsbildern bezeugt jedoch schon die perfektionistische Arbeit Berggrens hinsichtlich Technik und Ästhetik. Berggren blieb aufgrund der fehlenden Kunden im Winter nichts anderes übrig, als in Pera ein Studio zu eröffnen, das er in den frühen Jahren *Photographie Parisienne* nannte. In den 1870ern eröffnete er ein neues Studio, wo er aber statt der Porträtfotografie mehr Erfolg mit seinen Landschaftsbildern hatte. Nach einem weiteren Umzug etwa eine Dekade später sah Berggren ein, dass er als Landschaftsfotograf weit erfolgreicher war denn als Porträtist. Dieses Studio lebte – wie die übrigen anderen auch – in erster Linie von ausländischen Touristen und der vornehmen Istanbuler Gesellschaft. Berggren fotografierte nicht nur Landschaften, sondern aus rein kommerziellen Gründen wie seine Kollegen auch alltägliche Szenen mit den berühmten Motiven aus der Kostüm- und Berufstypenfotografie (Abb. 11-12). Verglichen mit den Arbeiten seiner Kollegen sind Berggrens Landschaftsserien um 1875, darunter auch Bosporus- und Stadtpanoramen, aber von herausragender Qualität. Der Erfolg der kommerziellen Fotografie in Pera unterhielt auch den Berufszweig des dekorativen Buchbinders, der die prachtvollen Stoff- oder Ledereinbände von Alben und Panoramen herstellte.

Berggrens Studio wurde ab Mitte der 1880er Jahre ein Anlaufpunkt für vor allem skandinavische, deutsche und österreichische Touristen. In den populären deutschsprachigen Reiseführern von Baedeker und Meyers wurde das Studio stets empfohlen.[81] Obwohl die Konkurrenz in Pera so groß war, konnte sich Berggren allein aufgrund seiner sehr gefragten Landschaftsaufnahmen behaupten.

Berggren stellte auch Fotografien von dokumentarischem Wert her, z.B. vom Lager der russischen Soldaten in der Nähe von Konstantinopel während des Osmanisch-Russischen Kriegs von 1878, der ersten Fahrt des Orient Express im Juni 1883, vom Bau von britischen U-Booten in der Werft von Kasımpaşa am Goldenen Horn oder von der Arbeit in einer großen Tabakfabrik. Auf einer Anatolien-Rundreise in Begleitung des deutschstämmigen Colmar von der Holtz Paşa anlässlich des Baus der Bagdad-Bahn stellte Berggren zahlreiche Fotografien von historischem und dokumentarischem Wert von vielen, bis dahin kaum fotografisch dokumentierten Städten Anatoliens und archäologischen Ruinen wie Ephesos und der hethitischen Funde um Konya her.

Bei dem Besuch König Oscars II. von Schweden und Norwegen fotografierte Berggren das Königspaar mit den beiden Prinzen, dem Sultansgehilfen Şeker Mehmet Ali Paşa und dem Fotografen Vassilaki Kargopoulo auf der Terrasse der schwedischen Botschaft. Für ein Album mit Innen- und Außenansichten der Botschaft erhielt Berggren von König Oscar die *Litteris et Artibus*-Medaille und den Titel des Königlichen Fotografen. Auch vom Nachfolger wurde seine Position als Königlicher Fotograf bestätigt.

In den 1890ern und nach der Jahrhundertwende betrieb Berggren sein Studio mit sehr großem Erfolg weiter. Zu Beginn des Ersten Weltkriegs aber hielten sich kaum noch Touristen in der Stadt auf, so dass Berggren, mittlerweile über 75 Jahre alt und finanziell derart in der Enge, sich gezwungen sah, seine Glasnegative an Glashändler zu verkaufen. Ein Teil der Glasnegative wurde jedoch von der deutschen Botschaft aufgekauft und damit der Nachwelt erhalten.[82] Berggren starb im August 1920 in Konstantinopel, wo er 54 Jahre seines Lebens verbracht hatte.

4.4.6 Gülmez Frères und Aşil Samancı

Die drei armenischen Brüder Yervant, Kirkor und Artin Gülmez gründeten 1870 ein Studio in Pera, das für seine Landschafts- und Panoramafotografien und Porträts bekannt war. Erhaltene Fotografien aus einer Landschaftsserie aus den 1880er Jahren zeugen von den sehr guten technischen Fähigkeiten der Brüder; die Bilder haben trotz ihres hohen Alters kaum an Brillanz und Qualität verloren. Zwischen 1885 und 1900 stellten die Gülmez Frères hervorragende Panoramen her, die in einer mit Gold bedruckten Bindung in zwei unterschiedlichen Größen erhältlich waren. Darunter sind Panoramen vom Galata-Turm, von der

[81] Vgl. Öztuncay: Photographers of Constantinople, 297, ebd. Fußnote 45.

[82] Özendes überliefert jedoch, dass die Glasnegative mitsamt der fotografischen Ausrüstung von seiner Nichte und Mitarbeiterin bei der Beerdigung dem Grab Berggrens beigelegt wurden. Vgl. Özendes: Photography in the Ottoman Empire, 170.

Festung Rumeli Hisarı am Bosporus und von der gegenüber liegenden Seite der Meerenge in Kandilli aus gesehen, wo der Bosporus am engsten ist. Die Gülmez-Brüder stellten neben einer Stadtansicht-Serie von Bursa auch eine umfangreiche Serie von Kostüm- und Berufstypenfotografien her.

Im Juli 1892 beantragten die Brüder die Ablichtung von Konstantinopels Monumenten und Landschaften und eine Erlaubnis für die Ausstellung ihrer Bilder bei der *Chicago World's Fair* 1893, wofür sie – zusätzlich zur bereits erhaltenen Medaille für eine Ausstellung 1887 in Florenz – einen speziellen Jurypreis bekamen. Ab Januar 1893 durften sie das großherrliche Siegel (*tuğra*) auf ihren Fotoalben verwenden. Der Sultan erlaubte ihnen nach der Ausstellung, den Titel der offiziellen Hoffotografen auf ihrem Studiologo und ihren Zeitungsannoncen zu führen. Zwar hatte Vichen Abdullah die Position des *Fotoġrafi Ḥażret-i Şehriyārī* inne; für die Gülmez Frères war aber die Repräsentation des Osmanischen Reiches neben Vichen Abdullah auf der Chicago World Fair ein wichtiger Schritt in ihrer Karriere. Im osmanischen Handelsregister von 1894 erscheinen von 15 Fotostudios zwei mit diesem Titel. Dieser Titel war von Sultan Abdülaziz eingeführt worden, hatte aber zum Ende des Jahrhunderts hin offensichtlich seinen monopolisierenden Status verloren, und einen mehr beehrenden Charakter erhalten. Die Gülmez-Brüder konnten nun ein neues, größeres Studio gegenüber der dänischen Botschaft eröffnen, das mit einer gut erhaltenen gläsernen Decke ausgestattet war, um soviel Tageslicht wie möglich einzufangen und um mit verschiedenen Verdunkelungsmethoden zu arbeiten, wie in so vielen Studios aus damaliger Zeit.

Gegen Ende des Jahrhunderts führte auch für die Gülmez-Brüder die massive Konkurrenz von Porträtstudios und das Überangebot von Landschafts- und Monumentaufnahmen von Istanbul zum Verkauf ihres Studios. Einer der Brüder, Artin Gülmez, führte bis 1942 allein ein kleines Studio weiter. Der Käufer des Gülmez-Studios war Aşil Samancı (1870-1924), Sohn eines griechischen Künstlers und Dekorateurs, der bei den Abdullah Frères sein Handwerk erlernt hatte. Bereits dort hatte er einigen osmanischen Prinzen Unterricht in der Fotografie gegeben und Großwesir Cevat Paşa bei der Praktizierung seines Hobbys assistiert. Aşil (Achill) Samancı nannte das Studio in *Apollo* um. Neben dokumentarischen Fotografien für Bücher und Zeitungen stellte er Porträts von Sultan Mehmet Reşat, dem Nachfolger von Sultan Abdülhamit II., in ziviler und militärischer Kleidung in seiner Zeit als Prinz und als Sultan her. Daneben hielt er Kaiser Wilhelm II. während seines Staatsbesuchs im Oktober 1917 in der Uniform eines osmanischen Feldmarschalls fotografisch fest. 1922 zog Samancı mitsamt all seiner Studioausrüstung und Negative nach Athen, wo er 1942 starb.[83]

83 Öztuncay: Photographers of Constantinople, 302-306; Özendes: Photography in the Ottoman Empire, 176; Çizgen: Türkiye'de Fotoğraf, 57.

4.4.7 Türkische Militärfotografen, Studiofotografen und Fotojournalisten

Das Material über diese muslimischen Fotografen fällt vergleichsweise knapp aus, daher werden hier nur einige von ihnen behandelt.

Die ersten muslimischen Fotografen im Osmanischen Reich waren Staatsbeamte, zumeist Militär- und Marineoffiziere, und hatten ihre Ausbildung in einer der verschiedenen Militärakademien genossen, die in den 1860er Jahren mit Unterweisungen in künstlerischem Zeichnen und in der Fotografie begonnen hatten. Viele von ihnen waren Verfasser von Einführungen in die Technik der Fotografie.[84] Mit ihren Arbeiten stellten sich diese türkischen Fotografen gegen die in konservativ-reaktionären Kreisen vorherrschende Idee, dass Malerei und Fotografie aufgrund von religiösen Verboten nicht zu praktizieren seien.

Viele dieser Fotografen arbeiteten für den Staat und für den Sultan persönlich, indem sie dokumentarische Fotografien herstellten, hauptsächlich das Militär betreffende Bilder. Die Sultane förderten von Anfang an ihre Arbeit, indem sie sie Auftragsarbeiten anfertigen ließen und sie mit zahlreichen Ehrenmedaillen und Ordenszeichen belohnten. Daneben waren sie häufig als Lehrer in Zeichnen und Fotografie an den Militärakademien tätig. Anders als bei den zuvor beschriebenen Fotografen trat hier anfangs der kommerzielle Aspekt in den Hintergrund; der Staat hielt diese fotografischen Arbeiten am Leben. Jene Militärfotografen sollten aber die Wegbereiter zahlreicher professioneller türkischer Fotografen werden.

Einer dieser Pioniere, Yüzbaşı Hüsnü (1844-1896), hatte 1865 seine Ausbildung als Kunstmaler an der *Mühendisḫāne-yi Berrī-yi Hümāyūn* abgeschlossen. Als *ressām Hüsnü Bey* (Maler Hüsnü Bey) bekannt, wurde er Lehrer an der Artillerieschule und fotografierte offizielle Ereignisse für Abdülhamit II. In seinem Werk *Risāle-yi Fotoğrafya* (Handbuch der Fotografie) beschreibt er, wie er während seiner Dienstzeit zur Herrschaftszeit von Sultan Abdülaziz in Paris, Belgien und München die Techniken der Fotografie und Fotolithografie erlernte.

Servili Ahmet Emin (1845-1892) war nicht nur einer der frühesten Fotografen, sondern auch Maler mit militärischem Hintergrund. Er schloss seine Ausbildung an derselben Akademie wie Yüzbaşı Hüsnü ab und wurde daraufhin wegen seines Talents in einem militärischen Atelier angestellt, wo er die Fotografie erlernte. Auf Befehl Abdülhamits II. hin unternahm er mit einer Arbeitsgruppe eine fotografische Reise durch die Städte Anatoliens, deren Ergebnisse dem Sultan in einem Album präsentiert wurden. Der Sultan bewunderte diese Arbeit sehr und erhob Ahmet Emin zum Palastgehilfen.

---

[84] Eine Liste von osmanischen Publikationen über fotografische Methoden und Verfahren findet sich bei Özendes: Photography in the Ottoman Empire, 212-216; Çizgen: Türkiye'de Fotoğraf, 88-90.

Sein Schwiegersohn Üsküdarlı Ali Sami (1867-1937) graduierte 1886 ebenfalls an der *Mühendisḫāne-yi Berrī-yi Hümāyūn* als Artillerist. Danach war er in derselben Institution bis zur Verkündung der Konstitutionellen Monarchie 1875 in den Fächern Malerei und Fotografie als Assistent von Servili Ahmet Emin und Lehrer angestellt. Auch am Palast unterrichtete er Fotografie; zu seinen Schülern gehörte Prinz Burhanettin Efendi. 1889 wurde er Palastgehilfe des Sultans. Neben seiner Tätigkeit als Dokumentarfotograf, beispielsweise als Reisebegleiter von Kaiser Wilhelm II. auf dem Weg von Konstantinopel nach Jerusalem, dokumentierte er auch das alltäglichen Leben seiner Familie und Kollegen.[85]

Einer der wichtigsten Militärfotografen war Bahriyeli Ali Sami (Lebensdaten unbekannt), der den Namenszusatz *Bahriyeli* (Marineoffizier) erhielt, um von Üsküdarlı Ali Sami unterschieden zu werden. 1302/1892 schloss er seine Marineausbildung in der *Mühendisḫāne-yi Baḥrī-yi Hümāyūn* ab. Im darauf folgenden Jahr publizierte er ein fotografisches Handbuch mit dem Titel *Mebādī-yi ʾUṣūl-ı Foto͡ġrafya* (Grundwissen der fotografischen Methode), das eigentlich eine Zusammenfassung und Übersetzung von ausländischen Texten zum Thema darstellte. In der Einleitung beschreibt der Autor, wie die ersten tragbaren Kodak-Handkameras von Europäern auf ihren Reisen mitgenommen werden und die Fotografie zu einem populären Vergnügen machen. Das Format des Handbuchs wurde bewusst klein gehalten, damit es als Taschenbuch auf fotografischen Touren bei Bedarf mitgeführt werden konnte. Tatsächlich wurde Ali Samis Buch aufgrund des Fehlens ähnlicher Publikationen ein Erfolg. Als Fotografie-Lehrer an der *Mühendisḫāne-yi Baḥrī-yi Hümāyūn* und Hauptfotograf des Marineministeriums hat er eine eindrucksvolle Serie von der osmanischen Flotte, osmanischen Dampfschiffen und den Schiffswerften der Marine hergestellt. Zu seinen Aufgaben gehörte auch die Dokumentation der Besuche von ausländischen Militäroffizieren und Staatsmännern in Konstantinopel. Dazu zählt eine auf einer gemeinsamen Reise mit Kaiser Wilhelm II. von Konstantinopel ins Heilige Land entstandene wertvolle Serie von Fotografien aus Haifa, Nazareth, Jerusalem, Damaskus und Beirut. Zum Gedenken an die deutsch-osmanische Freundschaft hatte der Kaiser einen Brunnen gestiftet – bekannt als *alman çeşmesi*, der deutsche Brunnen – dessen Einweihungszeremonie von Sami festgehalten wurde. Auch beim Besuch des deutschen Prinzen Adalbert stellte Ali Sami Porträts des Prinzen und Bilder von seiner Ankunft her. Beim Staatsbesuch von Muẓaffar ad-Dīn Šāh im Herbst 1900 hielt Ali Sami seine Schiffstour auf dem Bosporus fotografisch fest. Der Shah soll von seiner ersten Schifffahrt auf dem Meer so begeistert gewesen sein, dass er von Ali Sami mehrere Alben mit den Bildern bestellte.

Auf dem Höhepunkt seiner Karriere stand Ali Sami dem Sultan als Palastgehilfe persönlich zu Diensten. Er fotografierte für Abdülhamit II. u.a. ein Armenhaus (*Dār ül-ʿAceze*) in Konstantinopel, aber das blieb nicht seine einzige Tätig-

[85] Vgl. Çizgen: Photographer Ali Sami, 36-42.

keit: Dokumente aus den osmanischen Archiven bezeugen, dass Bahriyeli Ali Sami auch Mitglied der berüchtigten, geheimen Polizeiorganisation von Sultan Abdülhamit II. war. Er nahm an geheimen Hausdurchsuchungen teil und hatte sogar die Befugnis, Haftbefehle zu erlassen. Solange Abdülhamit II. den Thron innehatte, wurde Ali Sami mit zahlreichen Medaillen und Orden ausgestattet, auch seitens ausländischer Herrscher. Der Fotograf trug sie stolz auf seinen Porträts. Abdülhamits II. Absetzung endete aber für den Fotografen mit dem Verlust seiner Position; er verlor seinen militärischen Rang und wurde als administrativer Beamter nach Iskenderun geschickt. In den darauf folgenden Jahren, auch während des Türkischen Unabhängigkeitskrieges (1919-1923), war Ali Sami als monarchistischer Publizist in Thessaloniki und Ankara tätig. 1924, nach der Proklamation der Türkischen Republik, musste Ali Sami wieder von Istanbul nach Thessaloniki fliehen, wo er eine griechische Tageszeitung publizierte und ein Fotostudio betrieb. In den Bergen um Athos gründete er ein weiteres Studio, in dem er Landschaftspostkarten und Alben mit Aufnahmen aus der Region zu verkaufen versuchte, aufgrund seiner türkischen Abstammung jedoch ohne großen Erfolg. Eine Schrift des griechischen Generals Petmezas, die Ali Sami als *Philhellene* bezeichnete, sollte, in die Alben gelegt, dem Problem Abhilfe verschaffen. Der Fotograf scheint noch in den 1930er Jahren beruflich aktiv gewesen zu sein; wann und wo er gestorben ist, ist allerdings unbekannt.[86]

Das erste Fotostudio von einem türkischen Muslim wurde 1910 bewusst auf dem türkisch bevölkerten Teil von Konstantinopel gegründet. Der Studiobetreiber Rahmizade Bahaettin Bediz (1875-1951) schrieb hierzu:

> Tesettür, günah, haram korkusuyla mücadele etmek istediğim içindir ki, atölyemi Istanbul cihetinde kurmaya karar verdim.[87]

Dies deutet auf zweierlei hin: Zum einen existierten zu jener Zeit immer noch religiöse Vorbehalte gegenüber der Fotografie; zum anderen jedoch verschwanden diese zunehmend, sonst hätte der Fotograf im muslimischen Stadtteil sein Studio nicht betreiben können.

Bahaettin Bediz verbrachte seine Kindheit auf Kreta, und als seine Familie nach Konstantinopel kam, besuchte er die *Mekteb-i Ṣulṭānī*. Für seine erste Kamera bezahlte er 455 *ġurūş*[88], was seine Familie aber nicht gern sah, da sie seine fo-

---

86 Öztuncay: The Photographers of Constantinople, 342.

87 Zit. nach Özendes: Photography in the Ottoman Empire, 18. Der Begriff *Istanbul ciheti* bezeichnet den muslimisch dominierten Stadtteil von Alt-Konstantinopel, vgl. ebd., 243, Fußnote 11. („Weil ich den ängstlichen Umgang mit Verschleierung, Sünde und Verbotenem bekämpfen möchte, habe ich beschlossen, mein Studio im Stadtteil Istanbul [Alt-Konstantinopel] zu gründen." Übersetz. d. Verf.)

88 Entspricht nach Pamuk: Money in the Ottoman Empire, 973 f. ca. 445 €. Nach Hinz: Islamische Währungen entspricht dieser Betrag ca. 431 €. Nach 1878 wurde das Silber-Gold-Verhältnis aufgehoben, was zu einem Wertverlust des Silber-*ġurūş* führte. Es wurde jedoch bis 1916 als Zahlungsmittel akzeptiert, wo in den Provinzen mindestens 120 *ġurūş* gegen 1 Gold-Lira (6,6 g Feingold) gehandelt wurde.

tografische Karriere nicht fördern und ihn als Staatsbeamten sehen wollte. Seine ersten Unterrichtsstunden in der Fotografie erhielt er vom Künstler Ismail Hakkı Bey. 1895 musste Bahaettin Bey die Schule verlassen und nach Kreta zurückkehren, wo er seine Kamera ins Schaufenster seines Schreibwarenladens platzierte. Einige Italiener sahen dies und wollten sich porträtieren lassen. So begann die professionelle fotografische Tätigkeit von Bahaettin Bey, der später die archäologischen Ausgrabungen bei Knossos fotografieren sollte.

1909 verließ er Kreta, um in Konstantinopel im Regierungsviertel *Bāb-ı ʿAlī* (die Hohe Pforte) sein Studio *Resna* zu gründen, welches zunächst in der Stadt und dann in der ganzen Türkei für seine gründlichen Arbeiten bekannt wurde. Der Erfolg dieses Studios gründete auf der Schließung zahlreicher zuvor etablierter Studios in der Stadt. Bahaettin Bey eröffnete zwei weitere Studios, eins davon auf der asiatischen Seite in Üsküdar. In allen Studios beschäftigte er zusammen etwa 20 Personen; der Erfolg währte aber nur 15 Jahre lang. Nach 1937 leitete Bahaettin Bey die fotografische Abteilung des *Türk Tarih Kurumu* (Institut für Türkische Geschichte).

Zwei Söhne des bedeutenden Journalisten Ebüzziya Tevfik Bey waren in der Türkei Pioniere des Fotojournalismus, der 1853 mit James Robertson während des Krimkrieges eingeführt wurde. Die dokumentarische Fotografie wurde bereits von Sultan Abdülhamit II. als Kontrollmittel vorangetrieben. Zusammen mit der entstehenden Presse, die die endlosen Krisen und Kriege des Osmanischen Reiches und den politischen Prozess vor und während der Entstehung der Türkischen Republik verfolgte, wirkte sie sich positiv auf die Entwicklung des Fotojournalismus aus. Talha Ebüzziya (1880-1921) schrieb bereits während seiner Schulzeit auf der *Mekteb-i Ṣulṭānī* für die *Mecmūʿa-yı Ebüżżiyāʾ*, die Zeitung seines Vaters. Als der Vater 1900 nach Konya ins Exil geschickt wurde, musste er seine Schulausbildung abbrechen, um seinem Vater zu folgen. In Konya bauten sie eine Dunkelkammer in ihrem Haus auf, wo Talha seine Fotografien von Konya und seiner Umgebung entwickelte; er unterrichtete auch Interessierte in seinem Metier. Mit ihrer Rückkehr nach Konstantinopel nach Verkündung der konstitutionellen Monarchie konnten sie ihre Druckpresse wieder in Betrieb nehmen. Im Mai 1909 begann die Publikation ihrer Zeitung *Yeñi Taṣvīr-i Efkār* (Neue Darstellung der Ideen). Der jüngere Brüder Velid Ebüzziya (1882-1945) studierte politische Wissenschaften in Paris, wo er, nachdem er sein Studium der Rechtswissenschaften in Konstantinopel abgeschlossen hatte, auch für *Le Figaro* als Journalist und Fotograf arbeitete. Zusammen mit seinem Vater und seinem Bruder arbeitete er in der Dunkelkammer ihrer Druckerei. Sie fotografierten an den Fronten des Ersten Weltkriegs in den Dardanellen und in Çanakkale. Als Izmir im Mai 1919 von den Griechen besetzt wurde, organisierten die Brüder die geheime *Millī Müdāfaʿa Ġrubu* (Nationale Widerstandsgruppe). Mit ihren fotografischen Arbeiten versuchten sie, in der türkischen Bevölkerung Widerstand gegen die Besatzer zu wecken: Velid Bey fotografierte während der britischen Okkupation von Konstantinopel bei seiner

Nachtschicht am 16. März 1920 die blutige Ermordung von sechs türkischen Soldaten des Militärorchesters mit dem Bajonett. Er verteilte in Anatolien hunderte von Kopien dieser mit dem Namen der Soldaten versehenen Fotografien, worauf er von den Briten nach Malta exiliert wurde. Sein Bruder Talha wurde ebenfalls arretiert; er starb nach einer Krankheit in Lugano. Nach seiner Befreiung im Juni 1921 gründete Velid Ebüzziya die Zeitung *Tevḥīd-i Efkār* (Die Vereinigung der Ideen), wofür er die *Istiklal Madalyası* (Unabhängigkeitsmedaille) erhielt. Bei der Unterzeichnung der Verträge von Mudanya und Lausanne, die das Ende des türkischen Unabhängigkeitskampfes markierten, dokumentierte er mit seiner Kamera diese historischen Momente.[89]

4.5 Die spätosmanische Gesellschaft in der Fotografie: Selbstdarstellung gegen Fremddarstellung

Fotografie ist mehr als nur eine reine Darstellung von Objekten: Eine Intention und eine charakteristische Sichtweise sind gewollt oder ungewollt an der Entstehung beteiligt. Die Auswahl des Objekts und die Art und Weise, wie Personen und Ereignisse vor der Kamera arrangiert werden, geben Aufschluss darüber. Daher dürfen historische Fotografien aus vergangener Zeit nicht unter rein ästhetischen Aspekten betrachtet werden. Es wird sogar behauptet, dass die osmanische Fotografie einen eigentümlichen Stil hätte. Fotografien können von Historikern, Ethnologen und Kunsthistorikern als eine wichtige ergänzende und bestätigende Quelle von Texten und anderen Quellen verwendet werden, wenn sie denn mit Sorgfalt und Kenntnis behandelt werden, was in unserem Fall offensichtlich nicht ganz einfach ist: Paul Chevedden hat beispielsweise eine Reihe falscher Benennungen von Fotografien von architektonischen Monumenten gefunden, die zum Teil schon vom Fotografen falsch zugeordnet worden waren.[90] Auch Exem-

---

89 Öztuncay: Photographers of Constantinople, 335-343; Özendes: Photography in the Ottoman Empire, 157-161, 179-183; 187 f., 198-206; Çizgen: Türkiye'de Fotoğraf, 53 f., 60-66, 68-73.

90 Vgl. Chevedden: Making Light of Everything, 151-174: „Lack of concern of about the context or subject matter of photographs has led to proliferation of errors in the identification of historical photographs. Nowhere is this more apparent than in [Louis] Vaczek and [Gail] Buckland's *Travelers in Ancient Lands* [*A Portrait of the Middle East, 1839-1919.* Boston: 1981] and [Carney] Gavin's *Image of the East* [*Nineteenth-Century Photographs by Bonfils from the Collections of the Harvard Semitic Museum.* Chicago: 1982], [...]. For Vaczek and Buckland, any number of Ottoman mosques can qualify as the Hagia Sophia. Thus, both the mosque of Aḥmed I (p.33) and the Şehzade Mosque (p.150) are so identified. [...] Both the castle of al-Karak (p.27) and the citadel of Homs (p.120) are identified as the Krak des Chevaliers (Qalʿat al-Akrād). Gavin generally follows the errors of [Felix] Bonfils, but in some cases makes his own. [...] Gavin identifies the Dome of the Chain (ca. 691-92) on the Ḥaram in Jerusalem as David's Judgement Seat [...] and the Tribunal of David [...]. The Fountain of Qāʾit Bāy (1482) on the Ḥaram is described as the Tomb of Elijah [...] and the minaret of the Madrasa Muʿaẓẓamīya (1274-75), located north of the Ḥaram, is identified as the Tower of Antonia [...]." Ebd., 157.

plare von orientalistischen Genrefotografien verleiten schnell zur Annahme, dass das Abgebildete in der präsentierten Form in Wirklichkeit existiert hat.

Die Osmanen lernten schnell, die Fotografie als Kommunikationsmittel für ihre Zwecke zu verwenden. Ein bekanntes Beispiel hierfür ist die Selbstdarstellung des Osmanischen Reiches in den so genannten Abdülhamit- oder Yıldız-Alben (benannt nach ihrem ursprünglichen Aufbewahrungsort im Yıldız-Palast, der Residenz Sultan Abdülhamits II.), mit denen der Sultan ein bestimmtes Bild seines Reiches an ausländische Mächte vermitteln wollte.

Die Fotografie geriet aber auch schnell zum privaten Konsumobjekt in einer neuen Porträtkultur. Diese präsentiert ein ganz anderes Bild der osmanischen Gesellschaft als die kommerzielle orientalistische Genrefotografie, die den Vorstellungen europäischer Touristen entsprach, die in der osmanischen Welt nach Exotik suchten (vgl. Kap. 4.4.3). Diese Porträts können als Gegenbild zu den Stereotypen der westlichen Vorstellung vom Leben im Osmanischen Reich verstanden werden.

4.5.1 Die fotografische Porträtkultur

Die neue Porträtkultur in der Fotografie zeigt zwei bedeutende Aspekte der Transformation der osmanischen Gesellschaft an der Schwelle zum 20. Jahrhundert: Zum einen scheint das „Bilderverbot“ oder der Vorbehalt gegenüber figurativen Darstellungen in jener Zeit zumindest im Bewusstsein jener, die sich porträtieren ließen, keine große Rolle mehr zu spielen, was auf die Teilsäkularisierung zurückzuführen ist; zum anderen zeigt sich hier ein bis dahin nicht da gewesenes Interesse am Individuum.

Im osmanischen Kontext wurde die Fotografie nicht eingeführt, um eine bereits bestehende Nachfrage nach Porträts zu erfüllen, wie es in Europa und Nordamerika der Fall war, sondern sie leitete erstmals einen Zugang zum Porträt für breitere Bevölkerungsschichten ein und beeinflusste damit die Akzeptanz des gemalten Porträts, so Nancy Micklewright.[91] Das gemalte Porträt verlor in dieser Zeit seine Bedeutung als Auftragsarbeit für Herrscher und Staatsbeamte und war damit nicht mehr das Privileg der herrschenden Schicht, was auch zum Verlust der formellen Strenge im Porträtstil führte. Diese Privatisierung der Porträtkultur hinterließ der Nachwelt ein breites Spektrum an dargestellten Personen.

Nun wurden auch gesellschaftlich unbedeutende Personen abgebildet: Frauen ließen sich häufig porträtieren, soziale Beziehungen auf Gruppen- und Hochzeitsfotos wurden fotografisch festgehalten, Bilder von ganzen Generationen von Familienmitgliedern wurden in Fotoalben gesammelt. Die „fremde“ Erfindung der Fotografie wurde mit der neuen Porträtkultur in die einheimische Albumkultur (vgl. 4.2) integriert, sowohl von offiziell-herrschaftlicher als auch privater Sei-

91 Vgl. Micklewright: Portraiture in the Late Ottoman Empire, 430.

te. Individuen und Gruppen konnten nun ihre Selbstdarstellung bestimmen. Für den privaten Gebrauch wurden fotografische Alben zusammengestellt, die in einem zwar privaten, aber dennoch großen gesellschaftlichen Umfeld von Familie, Freunden und Gästen präsentiert wurden. Die meisten Familienalben, die für die Erforschung der Gesellschaft des sich auflösenden Osmanischen Reiches von großer Bedeutung wären, befinden sich immer noch in Familienbesitz. Solche Geschenkalben, Landschaftsalben, Familienalben oder Herrscheralben waren unter den großbürgerlichen Osmanen begehrte Sammelobjekte, die zum Statussymbol avancierten. Daneben erlaubten nun tragbare Kameras Amateurfotografen, Szenen aus dem alltäglichen Leben festzuhalten.

Zwar entstanden Porträts in unterschiedlichen sozialen Kontexten; sie reflektieren jedoch immer das steigende Selbstbewusstsein des Bürgertums, das mit der Interaktion des neuen Mediums neue Rollen und soziale Identitäten konstruierte:

> Photographic portraits in particular [...] are part of the construction of a normative social reality that involves class, gender, ethnic and professional identities and claims to identities. A photograph is, or appears to be, tangible evidence for the existence of a specific person, whose age, economic status and social identity is revealed in the dress and pose chosen for the image. Yet the photograph, seemingly so permanent, is the work of a few minutes posing, wearing anything the subject may choose to put on. Trying on different identities can be as simple as trying on different clothes or choosing a different backdrop or setting for the photograph.[92]

Fotostudios besaßen eine Vielzahl von Kleidern und Kostümen, Accessoires und Hintergrundbemalungen, um eine bestimmte Szene zu kreieren. Im osmanischen Kontext waren Kleidung und andere Details wichtig für die Selbstinszenierung und funktionierten als Code für soziale Identität, Status und „Modernität". Darunter ist nicht nur Fortschrittlichkeit im technischen Sinne, sondern auch die, wenn auch oft nur formelle, Adaption von europäischen Lebensstilen zu verstehen.

Merkmale für „Modernität" in osmanischen Fotografien sind z.B. Kleidung, Möbel, Pose und eine spezifische Anordnung von Personen in Gruppenbildern. Oftmals sind formale Ähnlichkeiten mit europäischen Fotografien zu sehen, so dass eine Beurteilung der Konstruiertheit des Abgebildeten ohne Hintergrundwissen nicht möglich ist. Menschen erscheinen von ihrem kulturellen und sozialen Umfeld isoliert. Familienporträts aus dem häuslichen Bereich belegen jedoch die tatsächliche Übernahme des europäischen Lebensstils, was für die Elite eine Prestigefrage war. Diese Fotografien verleiten jedoch schnell zu der Annahme, dass europäische Verhältnisse auch im sozialen und familiären Leben herrschten. Dies ist jedoch irreführend. Beispielsweise sind die unverhüllte Darstellung von muslimischen Frauen oder die gleichberechtigt erscheinende Position von Eheleuten auf Hochzeitsfotos eben kein Beleg dafür, dass die Geschlechtersegregation in der mus-

92 Micklewright: Late Ottoman Photography, 73.

limischen großbürgerlichen Schicht aufgehoben gewesen wäre. Die Transformation der osmanischen Oberschicht ist dennoch in vielen Fotografien des häuslichen Privatlebens sichtbar.

Die Inszenierung von neuen Rollen und Identitäten wird besonders in den fotografischen Frauenporträts deutlich. Als Frauen in der Malerei und der Fotografie abgebildet wurden, traten sie auch mit frauenspezifischen Publikationen, im Bildungswesen und in der Arbeitswelt in die Öffentlichkeit. Zwar waren sie im öffentlichen Leben nicht schlagartig zu sehen, aber durch das Porträtieren wurden sie nachhaltig sichtbar gemacht.[93]

4.5.2 Die Alben von Sultan Abdülhamit II.

Die Herrschaftszeit von Sultan Abdülhamit II. war von nicht abreißenden Krisen und dem verzweifelten Kampf um das Überleben des Reiches geprägt. Der Sultan lebte in ständiger Angst vor Attentaten und verließ seine Residenz im Yıldız-Palast daher kaum. Er hatte ein extensives Netzwerk von Agenten und Informanten, um dennoch über alle Aktivitäten in seinem Herrschaftsgebiet informiert zu bleiben. Die Fotografie bot für ihn die Möglichkeit, mündlich und schriftlich überlieferte Informationen zu ergänzen und zu kontrollieren. Ob der Sultan sich der Möglichkeiten der Manipulation von Bildern bewusst war, bleibt offen.[94] Hofbeamten mag der Umgang mit dem neuen Medium im Palast auch entgegen gekommen sein, da man dem Sultan auf diesem Wege zeigen konnte, was er sehen wollte.

Sultan Abdülhamit II. besaß selbst ein Privatstudio und eine Dunkelkammer, wo er neben Karten, Musik und Alben mit Kupferstichen über 800 Alben mit etwa 33350 Fotografien sammelte, mittels derer er beispielsweise Bauaktivitäten und Modernisierungsarbeiten überblickte, Kandidaten für die Militärakademien oder anlässlich seines 25-jährigen Thronjubiläums Gefangene für eine Amnestie auswählte. Er holte sich, zusätzlich zum Gespräch mit amerikanischen Botschaftern, auf ähnliche Weise Informationen aus den USA, wo er sich vor allem für die Vegetation und die verschiedenen indigenen Völker Nordamerikas, ihre Sprachen und ihr Schicksal interessierte.[95]

---

93 Graham-Brown: Images of Women, 92-117; Micklewright: Portraiture in the Late Ottoman Empire, 417-432; Micklewright: Late Ottoman Photography, 65-81; Micklewright: Photographs and Consumption, 261-288; Lemke: Ottoman Photography, 248 f.

94 Der Hauptsekretär des Sultans überliefert eine Aussage des Sultans, in der deutlich wird, welchen Stellenwert der Sultan dem Medium einräumte: „„Her resim bir fikirdir. Bir resim yüz sayfalık yazı ile ifade olunmayacak siyasi, hissi manaları telkin eder, onun için ben tahrir-i münderecatdan ziyade resimlerden istifade ederim.'" Zit. nach Özendes: Photography in the Ottoman Empire, 29. („Jedes Bild ist eine Idee. Ein Bild suggeriert politische und emotionale Bedeutungen, die [selbst] von einem hundertseitigen Text nicht dargestellt werden können, daher ziehe ich einen größeren Nutzen aus Bildern als aus dem Inhalt von schriftlichen Darstellungen." Übersetz. d. Verf.)

95 Vgl. Gavin: Imperial Self-Portrait, 7 f.

Im Reformzeitalter bot die Fotografie dem zentralisierten Staat Möglichkeiten der Machtdemonstration. Der Wille zur Modernisierung äußerte sich im Bau von militärischen und öffentlichen Gebäuden, Straßenbahnlinien und Zugverbindungen und dem Ausbau des Telegrafennetzes. Der Sultan konnte durch die fotografische Dokumentation dieser Aktivitäten beispielsweise in entfernten Provinzen wie dem Irak oder Jemen ebendiese nicht nur kontrollieren, sondern auch die osmanische Präsenz betonen. Öffentliche Macht und staatliche Errungenschaften konnten nun auf eindrucksvolle Weise dokumentiert und propagiert werden. Die weite Verbreitung dieser Bilder in der Presse – und vor allem durch den Verkauf von Postkarten, die damals schon begehrte Sammelobjekte geworden waren – intensivierte den Eindruck von der Präsenz des Osmanischen Staates und seiner territorialen Integrität.

Eine Auswahl von Fotografien wurde als ausreichend repräsentativ angesehen, um das Reich nach Außen zu präsentieren: 1893 und 1894 lässt der Sultan mittels des amerikanischen Kongressabgeordneten Abram Hewitt und des britischen Botschafters Sir Philipp Currie jeweils 51 inhaltlich fast identische Alben mit je etwa 1820 Fotografien zusammen mit mehreren hundert gedruckten Büchern an die größten Bibliotheken ihrer Länder überreichen. Diese Alben unterscheiden sich jedoch von den übrigen Yıldız-Alben. Sie sollten die öffentliche Meinung durch das Bild eines reformerischen und aufgeklärten Sultans und die Demonstration der Verbesserungen in der Staatsverwaltung, im Bildungswesen und der Infrastruktur seines Herrschaftsgebiets positiv beeinflussen (Abb. 13-14). In diesem Sinne sind diese Geschenkalben von Abdülhamit II. als ein frühes Beispiel von Propaganda durch visuelle Medien zu sehen.

Abram Hewitt, Kongressabgeordneter und Bürgermeister von New York City, hatte 1883 die Türkei besucht und den Sultan mit seiner offenen und furchtlosen Kritik an den Zuständen im Reich beeindruckt. Vermutlich beschloss der Sultan danach, das negative Bild der Amerikaner und Briten vom Osmanischen Reich zurechtzurücken. Die Überreichung der Alben an die Bibliotheken, und nicht etwa an das entsprechende Staatsoberhaupt, betont die bewusste Ausrichtung an die Öffentlichkeit.

> '[The albums] have been presented by the The Sultan to Her Majesty's Government for the use of the British public in order that it should be generally known in England what progress had been made in literature and science in Turkey since His Majesty came to the throne, and to show how greatly he is interested in the advancement of learning and education in his Empire'.[96]

Die Inschriften der Alben richten sich an die *National Library of the United States* – heute in der Druck- und Fotoabteilung der *Library of Congress* befindlich- und die *British Library*. Obwohl diese Alben mittlerweile katalogisiert und bibliotheka-

[96] Bericht des britischen Botschafters Currie zit. nach Waley: The Albums Presented in the British Library, 31.

risch erfasst sind, existieren immer noch offene Fragen über die nicht-zeremonielle Übergabe der Geschenke und ihrer Nichtbeachtung in den Bibliotheken, die ihre Ankunft und Existenz auf keine Weise dokumentierten. Erst heute ist man sich, abgesehen von dem dokumentarischen Wert, der Bedeutung dieser Alben bewusst geworden:

> Culturally, however, this *Self-Portrait* as sent abroad must be acknowledged as *the first comprehensive visual report formally dispatched by the Islamic world* to humanity at large – and thereby as a uniquely significant event.[97]

Der Gegenstand der Fotografien lässt sich in drei grobe Bereiche einteilen: Ansichten von topografischen Szenen, byzantinischen und islamischen Monumenten, um durch Schönheiten der Natur und historische Größe zu beeindrucken; Bilder von der osmanischen Marine und militärischen Institutionen, Personal, Ausrüstung und Gebäuden, Eisenbahnen und modernen Maschinen wie Lokomotiven; und zuletzt Fotografien von zivilen und militärischen, staatlichen und privaten Bildungseinrichtungen, darunter auch Sonderschulen wie z.B. die Schule für Stumme und Hörbehinderte (*Dilsiz Mektebi*). Einige Gebäude werden im Zustand des Baus gezeigt, um den Eindruck von fortschreitender Entwicklung und Modernisierung zu betonen. Ein Porträt des Sultans ist nicht zu sehen: Seine Präsenz wird gewissermaßen durch seinen Besitz und seinen Herrschaftsanspruch über den osmanischen Staat angedeutet; der Sultan wusste aber auch durch Ansichten von Palästen, ihren Interieurs und Gärten, seinen Yachten und von Pferden im großherrlichen Gestüt zu beeindrucken.

Was sich nicht in diesen Alben findet, sind Bilder, die den orientalistischen Vorstellungen entsprechen. Die Betonung der osmanischen Bemühung um Modernisierung fungiert als Gegenbild zu den populären und irreführenden Bildern, die durch den kommerziellen Fotomarkt nach Amerika und Europa gekommen waren und die Vorstellung von der Türkei im Westen geformt hatten. Interessanterweise arbeiteten dieselben Studios, die mit dieser Genrefotografie Erfolg hatten, auch im Auftrag des Sultans; dazu gehörten die Studios Abdullah Frères, Phébus und Sebah & Joaillier. Außer den Militärfotografen, wie beispielsweise dem Fotografen des Kriegsministeriums und Stabsoberhaupt Üsküdarlı Ali Rıza Bey, waren viele professionelle Fotografen am Werk, deren Namen jedoch unbekannt sind.

Durchweg ist in dieser Sammlung eine Vorliebe für symmetrische Anordnungen von Gruppen und Personen und für klare geometrische Muster zu beobachten: Ein militärischer und administrativer Blick war am Werk. Individuen sind oft in einem leicht gebogenen Halbkreis mit wichtigen Persönlichkeiten in der Mitte dargestellt. Marschierende Truppen und exerzierende Streitkräfte vermit-

[97] Gavin: Imperial Self-Portrait, 5, Hervorhebungen im Original.

teln Disziplin und Aktivität. Diese Fotografien hinterlassen den Eindruck von „erinnernden Denkmälern" und funktionierten damals auch als bildliche „Monumente" (Lemke).[98]

4.6 *Fotografie als Konsumobjekt und Elitekennzeichen*

Die sozialen Kategorien und sozio-politischen Hierarchien einer Gesellschaft werden durch Konsum definiert, d.h. Individuen und gesellschaftliche Gruppen benutzen Waren zur Abgrenzung und Erhöhung ihrer sozialen Position, was für die osmanische Gesellschaft des ausgehenden 19. Jahrhunderts in ähnlicher Weise wie für die europäischen Gesellschaften gilt.[99] Im Laufe des 18. Jahrhunderts erhielten der Besitz von westlichen Luxusgütern wie Uhren, Musikinstrumenten, Porzellan und kostbaren Stoffen und die Übernahme der europäischen Lebensführung eine spezifische Bedeutung, die den Wert von anderen Statusgegenständen überstieg. Der Sultan führte aus finanziellen und sozialen Gründen Gesetze zur Begrenzung des Konsums von Luxusgütern ein, weil zum einen die Ausgaben für ausländische Waren den Staatshaushalt in Mitleidenschaft zogen, zum anderen aber klar definierte gesellschaftliche Schichten verschwammen, wenn beispielsweise mittelständische Gruppen die Lebensführung der herrschenden Elite imitierten.[100]

Fotografien waren als Luxusgüter in den spätosmanischen Moderne-Diskurs eingebunden. Der Besitz und die Demonstration von Fotografien und fotografischen Alben im privaten Umfeld waren ein Mittel des Wunsches, „modern" zu sein. Insofern stellt die Fotografie eine wichtige Komponente bei der Konstruierung von Modernität und der Präsentierung von neuen sozialen Identitäten dar. Da Fotografien im Vergleich zu Villen, Kleidung, Möbel im europäischen Stil und Juwelen relativ erschwinglich waren, hatten auch soziale Gruppen außerhalb der Elite Zugang zu diesem Statusobjekt. In diesem Falle trat eine kulturelle Veränderung ein, nämlich das Eindringen des Bildes in die übrigen Schichten, dadurch, dass der Konsum des Luxusgutes Fotografie auch in den nicht-elitären gesellschaftlichen Raum eingedrungen war.

Faroqhi sieht durch den auffälligen Konsum von als „modern" geltenden Gütern in der osmanischen Elite den Anspruch, das gleiche Ansehen zu genießen, das die europäische Elite im 19. Jahrhundert auf internationaler Ebene für sich

---

[98] Lemke: Ottoman Photography, 245-249, mit Bildern aus den arabischen Provinzen; Gavin: Imperial Self-Portrait, 3-25; Hobart: The Albums in the Library of Congress, 29 f.; Allen: Abdul-Hamid's Gift-Albums, 33-37; Atasoy: Sultan Abdulhamid II's Photo-Collection, v f.; Waley: The Albums Presented in the British Library, 31 f.; Özendes: Photography in the Ottoman Empire, 28-31; Waley: The Photograph Albums Presented by Sultan Abdülhamid II., 111-127; Micklewright: Photographs and Consumption, 278-282.

[99] Faroqhi: Consumption and Elite Status, 145; Göçek: Rise of the Bourgeoisie, 37 f.

[100] Vgl. ebd.

selbst einforderte.[101] Daneben fand auch ein inner-elitärer Statuswettkampf statt, der sich z.B. in europäischen Häuserfassaden, im Besitz und Spielen von europäischen Musikinstrumenten, dem Gang zum Theater und in einer neuen westlichen Wohnkultur Ausdruck fand. Die Überlegung, dass eine blinde Ersetzung von beispielsweise osmanischer Kleidung durch europäische stattfand, ist allerdings falsch. Es ist im Gegenteil die Entstehung von interessanten Vermischungen von bereits bestehenden und neuen, europäischen Elementen zu beobachten.[102]

All diese Aspekte traten aber mehr im häuslichen Bereich als in der Öffentlichkeit in Erscheinung. So waren die neuen Kleider und Frisuren der Damen, die Möbel im europäischen Stil genauso wie das Präsentieren von Fotosammlungen nur dem eingeweihten, privaten Publikum sichtbar. Durch die Präsentierung von fotografischen Porträts der gebildeten und vornehmen Damen und Töchter der Familie konnte die Familie ihre Aufgeklärtheit und ihre „Modernität" demonstrieren – dies konnte beispielsweise geschehen, indem die Frauen unverhüllt und in europäischer Kleidung am Piano, mit Details wie Büchern und Zeitungen, die sie als gebildet kennzeichneten, porträtiert wurden.

> But in terms of intra-elite competition the refinement of female members might be of significance, since the ‚modernity' of the family might thus be displayed. The presence of educated and accomplished Ottoman ladies at gatherings to which selected high-status European women were invited might even be considered as being of some marginal use in the international arena, as it helped to project the image of the Ottoman Empire as a self-consciously modern state.[103]

Es ging der Elite hierbei – wenn auch womöglich nur unter der Oberfläche – darum, dem europäischen Diskurs vom Osmanischen Reich als „veraltetes" politisches und gesellschaftliches System die Entwicklung einer neuen „synthetischen" Kultur (Faroqhi) entgegenzustellen, die wichtige Elemente aus der europäischen Kultur in das bestehende osmanische kulturelle System eingliederte. Dies wurde als wirksames Mittel gegen die Auflösung des Reiches angesehen.

Die Fotografie als Konsumobjekt gehörte also zu den Gütern, die gesellschaftlichen Gruppen Zugehörigkeit zur Elite verschafften und innerhalb dieser Schicht zu mehr Ansehen verhalfen. Gleichzeitig stellten diese Güter neben anderen Elementen auf internationaler Ebene ein Mittel dar, dem europäischen politischen Diskurs durch die Demonstration von „Modernität" und „Fortschritt" eigene Zeichen entgegen zu setzen.[104]

---

101 Faroqhi: Consumption and Elite Status, 148.

102 Vgl. ebd., 154-165.

103 Ebd., 155.

104 Göçek: Rise of the Bourgeoisie, 37-40; Micklewright: Late Ottoman Photography, 67; Micklewright: Photographs and Consumption, 261-287; Faroqhi: Consumption and Elite Status, 141-169.

5. Schlussbetrachtung

Die Ursachen und Voraussetzungen für die relativ unproblematische Akzeptanz und das rasche Eindringen der Fotografie in den osmanischen Alltag ist unter anderem auf eine vorhandene osmanische Bildkultur zurückzuführen, die im 19. Jahrhundert mit dem Vorhandensein von Buchillustrationen, der Entstehung von neuen Formen der Malerei und des Porträts unter dem Einfluss und der Rezeption von europäischer Kunst in einem breiter gefächerten Rahmen stattfand als zuvor.

Figurative Bilder wurden nicht thematisiert, außer wenn sie offen gegen das Verbot von Götzenbildern verstießen, wie das Herrscherporträt von Sultan Mahmut II. Das *Taṣvīr-i Hümāyūn* als Herrschaftszeichen, das in offiziellen Zeremonien präsentiert wurde, und sich damit von dem privaten Gebrauch von Porträts deutlich unterschied, betrat den Bereich einer durchaus beabsichtigten Verehrung.

Aus der Frühzeit der Fotografie sind aus der arabisch-sprachigen Welt keine Fatwas bekannt, was als Hinweis auf das fehlende Problematisieren der Angelegenheit gelten kann. Spätere Fatwas aus dem 20. Jahrhundert erlauben oder missbilligen die Herstellung und Verwendung von Fotografien; ein eindeutiges Verbot aber ist in keinem Rechtsgutachten ausgesprochen, wie gezeigt wurde. Sie verdeutlichen aber auch, dass für die Gelehrten nur die Frage der Götzenverehrung interessant ist. Eine Thematisierung außerhalb dieses Gebietes ist nicht vorzufinden. Die Argumentation der Gelehrten und ihre Sicht auf Problemfelder werden offensichtlich von den Aussagen in den Hadithen gesteuert. Auch die geringe Anzahl von Fatwas deutet auf die Vernachlässigung des Themas hin, obwohl diese Problematik heute noch Muslime beschäftigt.[1] Aus der osmanischen Fatwa-Literatur ist uns hierzu keine einzige Fatwa bekannt; die Fotografie scheint hier überhaupt kein Thema gewesen zu sein.

Eine weitere Voraussetzung für die Verbreitung der Fotografie war die Entstehung einer osmanischen bürgerlichen Elite, die, sich an dem europäischen Lebensstil orientierend, eine neue Kultur schuf, in der die Fotografie und das Porträt zur privaten Kultur gehörten. Diese Schicht hatte engen Bezug zu westlichen Ideen und zur europäischen Gesellschaft in Pera, wo die frühesten Fotostudios den Kontakt zur Kundschaft herstellen konnten. Von hier aus entwickelte sich die Fotografie zum Statussymbol und Elitekennzeichen in der Epoche der „Verwestlichung" und Modernisierung.

Der Markt für Fotografien war anfänglich von der kommerziellen Genrefotografie geprägt, die für den touristischen Verkauf angeboten wurde. Touristen ließen sich gern in orientalischen Kostümen abbilden. Fotografien stellten für sie

---

1 Ramadan: Muslimsein in Europa, 254-258.

ein Souvenir aus dem „exotischen Orient" dar. Von diesen Fotografien ging die Suggestion einer „echten" Abbildung des Orients aus.

Vom Staat und den Machthabenden wurde die Fotografie als ein Mittel der Machtrepräsentation und der staatlichen Kontrolle verwendet; hier wurde mehr die dokumentarische Fotografie gefördert.

Welche Art von Fotografie hergestellt wurde, wurde also von der Nachfrage der Kunden bestimmt, nicht von der privaten Vorliebe des Fotografen.

Dieser anfängliche Markt wurde von Fotografen bedient, die aus den christlichen Volksgruppen stammten, und je nach Auftrag, Wunsch und Nachfrage neben der Genrefotografie Studioporträts, Landschaftsaufnahmen und dokumentarische Fotografien anfertigten. Die Annahme, dass Muslime aufgrund des „Bilderverbots" den Umgang mit der Fotografie mieden,[2] ist nicht ganz korrekt. Vielmehr sind die ersten Fotografen – wie die Abdullah Frères, Vassilaki Kargopoulo oder Pascal Sebah – Christen gewesen, weil sie eine besondere Position in der Gesellschaft hatten, die ihnen durch ihre Tätigkeiten als Kaufleute und Apotheker und den Kontakt zu den vornehmen Europäern im Land ermöglichte, das Risiko der kommerziellen Fotografie einzugehen, das für die Muslime anfänglich aus finanziellen und Status bezogenen Gründen nicht attraktiv genug war. Armenier und Griechen dagegen verfügten neben einer möglichen künstlerischen Ausbildung auch über das technische und chemische Wissen, über die nötigen finanziellen Ressourcen und hatten Umgang mit den ersten potenziellen Kunden.

Mit den türkischen Fotografen kam der Aspekt der Selbstrepräsentation in der Fotografie hinzu, der nicht von kommerziellen Motiven geprägt war, und mehr über die Eigenwahrnehmung und die tatsächlichen Lebensverhältnisse der Osmanen verrät. Interessant wären weitere Arbeiten über die Tätigkeiten und Motive von muslimischen Fotografen aus dieser Epoche, über die bisher vergleichsweise wenig geschrieben wurde. Der Umgang der muslimischen Elite mit der Fotografie macht den Grad und die spezifische Form der Säkularisierung der spätosmanischen Gesellschaft und der Entstehung der „Kultur des Intimen" (Faroqhi), in der sich vermehrt ein Interesse am privaten Leben und am Individuum zeigte, für die Nachwelt sichtbar.

Auch ein Vergleich zwischen der osmanischen und der qajarischen fotografischen Kultur im ausgehenden 19. Jahrhundert, und auch die der übrigen islamischen Welt, bezüglich ihrer Anfänge und des Verhältnisses von „Bilderverbot" und dem tatsächlichen Umgang mit dem Bild wäre interessant. Anhand dieses Materials könnte dann eine gründliche Untersuchung des islamischen Bilderverbots hinsichtlich der Entwicklung von Gelehrtenmeinungen im Wandel der Zeit und der tatsächlichen Umsetzung dieses Verbots erfolgen. Vor allem wäre dabei die Frage nach einer Veränderung des Umgangs mit dem Bild in der Moderne zu beantworten.

---

2 Özendes: Photography in the Ottoman Empire, 20 f.; Soucek: Taṣwīr 1., 364/1.

Literaturverzeichnis

Akgündüz, Ahmet/Said Öztürk (1999): *Bilinmeyen Osmanlı*, Istanbul: Osmanlı Araştırmaları Vakfı.

Allen, William (1988): „Analyses of Abdul-Hamid's Gift-Albums" in *Journal of Turkish Studies* 12, pp. 33-43.

Arnold, Sir Thomas (1964): „The Influence of Poetry and Theology on Painting" in *A Survey of Persian Art* vol. V. (*From Prehistoric Times to the Present*), ed. Arthur U. Pope. London: Oxford University Press, pp. 1906-1910.

Atasoy, Nurhan (1988): „Sultan Abdulhamid II's Photo-Collection in Istanbul" in *Journal of Turkish Studies* 12, pp. v-x.

Barrucand, Marianne (1995): „Les fonctions de l'image dans la société islamique du moyen-âge" in *L'image dans le monde arabe*, eds. Gilbert Beaugé, J.-F. Clément. Paris: CNRS (Institut de Recherches et d'Etudes sur le Monde Arabe et Musulman), pp. 57-67.

Beaugé, Gilbert (1995): „Istanbul: gravures et photographes au XIXe siècle" in *L'image dans le monde arabe*, eds. G. Beaugé, J. F. Clément. Paris: CNRS (Institut de Recherches et d'Etudes sur le Monde Arabe et Musulman), pp. 238-246.

Die Bibel. Altes und Neues Testament. Einheitsübersetzung. Stuttgart: Katholische Bibelanstalt, 1980.

Buchner, Roswitha (1997): *Die Photographenfirma Sebah & Joaillier: Das Bild Istanbuls im 19. Jahrhundert*, Istanbul: Orient-Institut der DMG.

Camman, Schuyler V. R. (1978): „The Interplay of Art, Literature and Religion in Safavid Symbolism" in *Journal of the Royal Asiatic Society of Great Britain & Ireland* 2, pp. 124-136.

Cerīde-i Ḥavādis̱ 47, 26. Cümād el-āḫire 1257/15. August 1841.

Cerīde-i Ḥavādis̱ 95, 8. Cümād el-āḫire 1258/17. Juli 1842.

Cerīde-i Ḥavādis̱ 232, 2. Cümād el-āḫire 1261/8. Juni 1845.

Chevedden, Paul E. (1984): „Making Light of Everything: Early Photography of the Middle East and Current Photomania" in *Middle East Studies Association Bulletin* 18/2, pp. 151-174.

Çizgen, Engin (1989): *Fotoğrafcı Ali Sami/Photographer Ali Sami, 1866-1936*, Istanbul: Haşet Kitabevi.

Çizgen, Engin (1992): *Türkiye'de Fotoğraf*, Istanbul: İletişim.

Clément, Jean-François (1995): „L'image dans le monde arabe: interdit et possibilités" in *L'image dans le monde arabe*, eds. Gilbert Beaugé, J.-F. Clément. Paris: CNRS (Institut de Recherches et d'Etudes sur le Monde Arabe et Musulman), pp. 11-42.

ad-Daġawī, Šayḫ Yūsuf (1355/1936): „at-Taṣwīr" in *Maǧallat al-Azhar* 7, p. 327.

Davison, Roderic H. (2000): „Tanẓīmāt" in *EI*², vol. X. Leiden: Brill, pp. 201-209.

Devellioğlu, Ferit (2003): *Osmanlıca-Türkçe Ansiklopedik Lûgat* (20. Aufl.), Ankara: Aydın.

Dohmen, Christoph (1985): *Das Bilderverbot. Seine Entstehung und seine Entwicklung im Alten Testament*, Bonn: Hanstein (Bonner Biblische Beiträge 62).

EI²: The Encyclopedia of Islam. New Edition. Vol. I - XI. Leiden: Brill, 1960-2002.

Faroqhi, Suraiya (1995): *Kultur und Alltag im Osmanischen Reich. Vom Mittelalter bis zum Anfang des 20. Jahrhunderts*, München: Beck.

Faroqhi, Suraiya (1999): „Consumption and Elite Status in the Eighteenth and Nineteenth Centuries: Exploring the Ottoman Case" in *Studies in the Ottoman Social and Economic Life*, eds. Raoul Motika, Christoph Herzog, Michael Ursinus. Heidelberg: Heidelberger Orientverlag, pp. 141-169.

Gavin, Carney E. S. (1988): „Imperial Self Portrait: The Ottoman Empire as Revealed in the Sultan Abdul Hamid II Collection's Photographic Albums Presented to the Library of Congress (1893) and the British Museum (1894)" in *Journal of Turkish Studies* 12, pp. 3-25.

Göçek, Fatma M. (1996): *Rise of the Bourgeoisie, Demise of Empire: Ottoman Westernization and Social Change*, Oxford: Oxford University Press.

Grabar, Oleg (1973): *The Formation of Islamic Art*, New Haven, London: Yale University Press.

Graham-Brown, Sarah (1988): *Images of Women. The Portrayal of Women in Photography of the Middle East 1860-1950*, London: Quartet.

Harīdī, Sayḫ Aḥmad (1382/1963): „at-Taṣwīr" in *al-Fatāwā al-islāmīya min dār al-iftā' al-miṣrīya* 20, pp. 7759-7761.

Hinz, Walther (1991): *Islamische Währungen des 11. bis 19. Jahrhunderts umgerechnet in Gold. Ein Beitrag zur islamischen Wirtschaftsgeschichte*, Wiesbaden: Harrassowitz.

Hobart, George (1988): „The Albums in the Library of Congress" in *Journal of Turkish Studies* 12, p. 29 f.

İpşiroğlu, Mazhar Şevket (1971): *Das Bild im Islam: Ein Verbot und seine Folgen*, München, Wien: Schroll.

ʿĪsā, Aḥmad Muḥammad (1370-71/1950-51): „al-Muslimūn wa-t-taṣwīr" in *Maǧallat al-Azhar* 22 (1370/1950), pp. 605-609, 730-735, 943-945; 23 (1371/1951), pp. 147-151, 468-472.

Keskioğlu, Osman (1961): „İslâmda Tasvir ve Minyatür" in *İlahiyat Fakültesi Dergisi* 9, pp. 11-23.

Der Koran. Übersetzt von Rudi Paret (2. Aufl.), Stuttgart: Kohlhammer, 1980.

Der Koran. Arabisch-Deutsch. Aus dem Arabischen von Max Henning. Überarb. und Einleit. vom Murad W. Hofmann. Istanbul: Çağrı Yayınları, 2003.

Laǧnat al-fatwā [al-Azhar] (1413/1993): „at-Taṣwīr wa-ṣ-ṣuwar", *Maǧallat al-Azhar* 11, pp. 163-165.

Landau, Jacob M. (2000): „Taṣwīr 2." in *EI²* vol. X. Leiden: Brill, pp. 363-365.

Lane, William Allen (1863-1893): *An Arabic-English Lexicon*, Edinburgh: Williams and Norgate.

Lemke, Wolf-Dieter (2002): „Ottoman Photography: Recording and Contributing to Modernity“ in *The Empire in the City: Arab Provincial Capitals in the Late Ottoman Empire*, eds. Jens Hanssen, Thomas Philipp, Stefan Weber. Beirut: Orient-Institut, Würzburg: Ergon Verlag (Beiruter Texte und Studien 88), pp. 237-249.

Micklewright, Nancy (2000): „Personal, Public, and Political (Re) Constructionists – Photographs and Consumption" in *Consumption Studies and the History of Ottoman Empire, 1500-1922*, ed. Donald Quataert. Albany: State University of New York Press, pp. 261-288.

Micklewright, Nancy (2000): „Negotiating Between the Real and the Imagined: Portraiture in the Late Ottoman Empire“ in: *M. Uğur Derman Armağanı/Festschrift M. Uğur Derman*, ed. Irvin Cemil Schick. Istanbul: Sabancı Üniversitesi Yayınevi, pp. 417-438.

Micklewright, Nancy (2003): „Late Ottoman Photography: Family, Home and New Identities“ in *Transitions in Domestic Consumption and Family Life in the Modern Middle East: Houses in Motion*, ed. Relli Shechter. New York: Palgrave Macmillan, pp. 65-83.

Muṣṭafā Ṣabrī Efendi (1338/1920): „Ṣūret taṣvīri“ in *Cerīde-i ʿİlmīye* 62, p. 1968.

Nawawī, Abū Zakarīyāʾ Yaḥyā b. Šaraf (1349/1930): *Ṣaḥīḥ Muslim bi-šarḥ an-Nawawī* vol. XIV, Kairo: al-Maṭbaʿa l-miṣrīya wa-maktabatuhā.

Özendes, Engin (1995): *Osmanlı İmparatorluğu'nda Fotoğrafçılık/Photography in the Ottoman Empire 1839-1919*, Istanbul: İletişim Yayınları.

Özendes, Engin (1998): *Abdullah Frères. Ottoman Court Photographers*, Istanbul: Yapı Kredi.

Özendes, Engin (1999): *From Sébah and Joaillier to Foto Sabah. Orientalism in Photography*, Istanbul: Yapı Kredi.

Öztuncay, Bahattin (2000): *Vassilaki Kargopulo: Photographer to His Majesty the Sultan*, Istanbul: BOS Yayınları.

Öztuncay, Bahattin (2003): *The Photographers of Constantinople. Pioneers, Studios and Artists from 19th Century Istanbul*, vol. I: *Text and Photographs*, vol. II: *The Album*, Istanbul: Aygaz Yayınları.

Pamuk, Şevket (1994): „Money in the Ottoman Empire 1326-1914“ in *An Economic and Social History of the Ottoman Empire*, eds. Halil İnalcık, Donald Quataert. Cambridge: Cambridge University Press, pp. 947-974.

Pamuk, Şevket (2002): „Kuruş“ in *İslam Ansiklopedisi*[2] vol. XXVI. Istanbul: Türkiye Diyanet Vakfı, 458 f.

Paret, Rudi (1960): „Textbelege zum islamischen Bilderverbot“ in *Das Werk des Künstlers. Studien zur Ikonographie und Formgeschichte. Hubert Schrade dargebracht zum 60. Geburtstag*, ed. Hans Fegers. Stuttgart: Kohlhammer, pp. 36-48.

Paret, Rudi (1968): „Das islamische Bilderverbot und die Schia" in *Festschrift Werner Caskel*, ed. Erwin Gräf. Leiden: Brill, pp. 224-232.

Paret, Rudi (1975): *Das islamische Bilderverbot.* Sonderdruck aus J. Iten-Maritz: Das Orientteppich-Seminar 8.

Ramadan, Tariq (2001): *Muslimsein in Europa. Untersuchungen der islamischen Quellen im europäischen Kontext*, Köln: MSV.

Qandīl, Šayḫ Qandīl/Šayḫ ʿAbd as-Salām Šaraf (1354/1936): „an-Naẓar ilā ṣ-ṣuwar" in *Maǧallat al-Azhar* 6, p. 171.

al-Qaraḍāwī, Yūsuf (1392/1972): *al-Ḥalāl wa-l-ḥarām fī l-Islām*, Beirut: al-Maktab al-Islāmī.

Quataert, Donald (1994): „The Age of Reforms, 1812-1914" in: *An Economic and Social History of the Ottoman Empire, 1300-1914*, eds. Halil İnalcık, Donald Quataert. Cambridge: Cambridge University Press, pp. 749-943.

Redhouse, Sir James W. (1890): *A Turkish and English Lexikon*, Constantinople: Matteosian.

Van Reenen, Daan (1990): „The 'Bilderverbot'. A New Survey" in *Der Islam* 67/2, pp. 27-77.

Renda, Günsel (1977): *Batılılaşma Döneminde Türk Resim Sanatı, 1700-1850*, Ankara: Hacettepe Üniversite Yayınları.

Ritchie, Thomas (1990): „Sébah and Joaillier" in *History of Photography* 14/1, 87 f.

Şekerci, Osman (1974): *İslam'da Resim ve Heykelin Yeri*, Çanakkale: Çanakkale Seramik Farbrikaları Kültür ve Araştırma Hizmetleri.

Shaw, Stanford J./Ezel K. Shaw (1977): *A History of the Ottoman Empire and Modern Turkey*, vol. II. (*Reform, Revolution, and Republic: The Rise of Modern Turkey, 1808-1975)*, Cambridge: Cambridge University Press.

Soucek, Priscilla P. (2000): „Taṣwīr 1." in *EI*[2] vol. X. Leiden: Brill, pp. 361-363.

Steuerwald, Karl (1974): *Türkisch-Deutsches Wörterbuch/Türkçe-Almanca Sözlük*, Wiesbaden: Harrassowitz.

Taḳvīm-i Veḳāyiʿ 186, 19. Şaʿbān 1255/28. Oktober 1839.

Waley, Muhammad Isa (1991): „Images of the Ottoman Empire: The Photograph Albums Presented by Sultan Abdülhamid II" in *The British Library Journal* 17/2, pp. 111-127.

Waley, Muhammed Isa (1988): „The Albums Presented in the British Library" in *Journal of Turkish Studies* 12, pp. 31 f.

Wehr, Hans (1977): *Arabisches Wörterbuch für die Schriftsprache der Gegenwart und Supplement* (4. unveränderte Auflage), Wiesbaden: Harrassowitz.

Wensinck, Arent Jan et alii (1936-69): *Concordance et indices de la tradition musulmane* vol. 3, 4. Leiden: Brill.

Wensinck, Arent Jan (1997): „Ṣūra" in *EI*[2] vol. IX. Leiden: Brill, pp. 889-892.

Yeğin, Abdullah et alii (1999): *Osmanlıca-Türkçe Ansiklopedik-Büyük Lûgat*, Istanbul: TÜRDAV.

Weiterführendes Literaturverzeichnis

Adle, Chahryar (1983): „Notes et documents sur la photographie iranienne et son histoire“ in *Studia Iranica* 12/2, pp. 249-280.

Afshar, Iraj (1983): „Some Remarks on the Early History of Photography in Iran” in *Qajar Iran: Political, Social and Cultural Change. Studies Presented to Prof. L. P. Elwell-Sutton*, eds. C.E. Bosworth, C. Hillenbrand. Edinburgh: Edinburgh University Press, pp. 261-281.

Ak, Seyit Ali (1988): „Photography in the Republican Era” in *Turkish Review* 3/13, pp. 67-80.

Ak, Seyit Ali (2001): *Erken Cumhuriyet Dönemi Türk Fotoğrafcıları 1923-1936*. Istanbul: Remzi Yayınları.

Aker, Jülide (2000): *Sight-Seeing: Photography of the Middle East and its Audiences, 1840-1940*. (Fogg Art Museum, 8. Dezember 2000-22. April 2001). Cambridge (USA): Harvard University Art Museums (Harvard University Art Museums Gallery Series 30).

Barth, Hans-Martin (2005): *Bild und Bildlosigkeit. Beiträge zum interreligiösen Dialog. Neuere Ansätze im Umgang der Weltreligionen mit dem Bild*, Schenefeld: EB Verlag.

Beaugé, Gilbert (1992): „Les photographes turcs: jalons pour une histoire de la photographie en Turquie” in *Cahiers d'Etudes sur la Méditerranée Orientale et le Monde Turco-iranien* 14, pp. 112-132.

Beaugé, Gilbert/Engin Çizgen (1993): *Images d'Empire. Aux origins de la photographie en Turquie. Collection Pierre de Gigord/Türkiye'de Fotoğrafın Öncüleri*, Istanbul: Institut d'Etudes Françaises d'Istanbul.

Bedford, Francis (1863): *Tour in the East: Photographic Pictures of Egypt, the Holy Land and Syria, Constantinople, the Mediterranean, Athens*, London: Day and Son.

Behdad, Ali (2001): „The Powerful Art of Qajar Photography: Orientalism and (Self-) Orientalizing in 19th-century Iran” in *Iranian Studies* 34/1-4, pp. 141-151.

Bohrer, Frederick N. (1999): *Sevruguin and the Persian Image: Photographs of Iran, 1870-1930*, Washington: Arthur M. Sackler Gallery, Smithsonian Institute; Seattle: University of Washington Press.

Du Camp, Maxime (1848): *Souvenirs et paysages d'Orient: Smyrne, Ephèse, Magnesie, Constantinople, Scio*. Paris: Arthur Bertrand.

Cezar, Mustafa (1971): *Sanatta Batıya Açılış ve Osman Hamdi*, Istanbul: İş Bankası Kültür Yayınları.

Chevedden, Paul E. (1981): *The Photographic Heritage of the Near East: An Exhibition of Early Photographs of Egypt, Palestine, Syria, Turkey, Greece & Iran, 1849 - 1893*. Catalogue of an Exhibition Held at the University of California, Los Angeles, Research Library, 5 November 1981 - 21 February 1982. Malibu/California: Undena Publications.

Çizgen, Engin (1981): *Photography in Turkey 1842-1936*, Istanbul: Yazır Matbaacılık.

Creswell, K.A.C. (1946): „The Lawfulness of Painting in Islam" in *Ars Islamica* 11-12, pp. 159-166.

Edwards, Elisabeth (1992): *Anthropology and Photography 1860-1920*. New Haven: Yale University Press.

Fahd, Taufiq (1995): „Nuṣub" in *EI²* vol. VIII. Leiden: Brill, pp. 154 f.

Fahd, Taufiq (1997): „Ṣanam" in *EI²* vol. IX. Leiden: Brill, pp. 4 f.

Fleig, Alain (1997): *Rêves de papier. La photographie orientaliste 1860-1914*, Neuchatel: Ides et Calendes.

Gaffary, F. (1982): „ʿAkkās-bāšī, Ebrāhīm" in *Encyclopaedia Iranica* vol. I., ed. Ehsan Yarshater. London: Routlege, p. 719.

Gavin, Carney E.S. (1978): „Bonfils and the Early Photography of the Near East" in: *Harvard Library Bulletin* 26, pp. 442-470.

Gavin, Carney E.S. (1982): *The Image of the East. Nineteenth-Century Photographs by Bonfils from the Collections of the Harvard Semitic Museum*. Chicago: University of Chicago Press.

Gavin, Carney E.S. (1989): „Photography and Social Sciences – In Light from Ancient Lands" in *The Invention of Photography and its Impact on Learning: Photographs from Harvard University and Radcliffe College and from the Collection of Harrison D. Horblitt*, ed. L. Todd Amber, M. Banta. Cambridge (USA): Harvard University Library, pp. 48-61.

Girault de Prangey, Joseph-Philbert (1846): *Monuments arabes d'Egypte, de Syrie et d'Asie-Mineure dessinés et mesurés de 1842 à 1845*. s.l.

Goupil-Fesquet, Frédéric (1843): *Voyage d'Horace Vernet en Orient*. Paris: Challamel.

Grant, Gillian (1988): *Images of Istanbul 1829-1988: An Exhibition of Engravings and Photographs from the Middle East Centre, St. Anton's College, 19th October-3rd November* [1988] *at Halifax House, South Parks Oxford*. Oxford: Middle East Centre, St. Anton's College.

Hamdi Bey, Osman/Marie de Launay (1873): *Les costumes populaires de la Turquie en 1873. Ouvrage publié sous le patronage de la Commision Imperiale Ottoman pour l'Exposition Universelle de Vienne*, Konstantinopel: Levant Times and Shipping Gazette.

Heidemann, Stefan (1999): „Der Orient im Blick: Die großen Photostudios des 19. Jahrhunderts. Ausstellung in Jena vom 26.6. bis 25.7.1999" in *Zeitschrift der Deutschen Morgenländischen Gesellschaft* 149/2, pp. 377-384.

Henisch, Bridget K./Heinz K. Henisch (1984): „James Robertson of Constantinople" in *History of Photography* 8/4, pp. 299-313.

Henisch, Bridget K./Heinz K. Henisch (1990): „James Robertson of Constantinople. A Chronology" in *History of Photography* 14/1, pp. 23-32.

Henisch, Bridget K./Heinz K. Henisch (1994): „James Robertson" in *Visions of the Ottoman Empire*, ed. Scottish National Portrait Gallery. Edinburgh: National Galleries of Scotland, pp. 81-87.

Hoffmann, Adolf (2004): *Erinnerungen: Frühe Photographien aus der Anfangszeit deutscher archäologischer Forschung in der Türkei*, Istanbul: Deutsches Archäologisches Institut.

İhsanoğlu, Ekmeleddin (1987): *A Glimpse into the Past*, Istanbul: Research Centre for Islamic History, Art and Culture.

Kévorkian, Raymond/Paul Paboudjian (1992): *Les Arméniens dans l'Empire Ottoman à la veille du génocide*, Paris: Editions d'art et d'histoire.

Khémir, Mounira (1994): *L'Orientalisme. L'Orient des photographes au XIXe siècle*, Paris: Photo Poche.

Khémir, Mounira (1995-96): „La femme orientale dans l'optique des premiers photographes" in *Cahier d'Etudes Maghrébines* 8-9, pp. 116-18.

Kilian, Hendrikje/Vera Tost (2001): *Historische Fotografien aus Istanbul*, Heidelberg: Wachter.

Koloğlu, Orhan (1992): *Basınımızda Resim ve Fotoğraf Başlaması*, Istanbul: Engin Yayınları.

Kuturman, Perihan (1966): „Pioniere der türkischen Photographie 1858-1920" in *Camera. Internationale Zeitschrift für Photographie und Film* 45/6, p. 5 f.

Landau, Jacob M. (1979): *Abdul-Hamid's Palestine*, London: Andre Deutsch.

Lebours, N. P. (1840): *Excursions dagueriennes: vues et monuments les plus remarquables du globe*. Paris.

Lorent, Jacob August (1861): *Egypten, Alhambra, Tlemsen, Algier: Photographische Skizzen*, Mannheim: Buchdruckerei von Heinrich Hogrefe.

Mardin, Şerif (1974): „Superwesternization in Urban Life in the Ottoman Empire in the Last Quarter of the 19th Century" in *Turkey: Geographic and Social Perspectives*, eds. Peter Benedict, Erol Timurtekin, Fatma Mansur. Leiden: Brill, pp. 403-446.

Martinez, R. E. (1966): „Kunst und Photographie in der Türkei" in *Camera. Internationale Zeitschrift für Photographie und Film* 45/6, pp. 12-37.

Micklewright, Nancy (1992): „Dervish Images in Photography and Paintings" in *The Dervish Lodge: Architecture, Art and Sufism in Ottoman Turkey*, ed. Raymond Lifchez. Berkeley: University of California Press (Comparative Studies on Muslim Societies, No. 10), pp. 65-83.

Micklewright, Nancy (1997): „Musicians and Dancing Girls. Images of Women in Ottoman Painting" in *Women in the Ottoman Empire. Middle Eastern Women in the Modern Era*, ed. Madeline Zilfi. Leiden: Brill, pp. 153-68.

Micklewright, Nancy (2003): *A Victorian Traveller in the Middle East: The Photography and Travel Writing of Annie Lady Brassey*, Aldershot: Ashgate Publishing.

Miller, Dickinson Jenkins (1981): *The Craftman's Art. Armenians and the Growth of Photography in the Near East (1856-1981)*, Beirut: American University (Unveröffentlichte Magisterarbeit).
Mohseni, Navid (1998): „Images of the Middle East: Exploring the Fascination" in *Critique: Journal for Critical Studies of the Middle East* 13, pp. 83-101.
de Moustier, A. Comte (1862): *Le tour du monde. (Voyage à Ephèse par l'interieur de l'Asie Mineure, Bithynie, Phrygie, Lydie, Ionie).* s.l.
Navab, Aphrodite Désirée (2002): „To Be or Not to Be an Orientalist?: The Ambivalent Art of Antoin Sevruguin" in *Iranian Studies* 35/1-3, pp. 113-144.
Nir, Yeshayahu (1985): *The Bible and the Image. The History of Photography in the Holy Land 1839-1899*, Phidalephia: University of Pennsylvania Press.
Ögel, Semra (1964): „19. Yüzyılın Asker Türk Ressamları" in *Türk Kültürü* 22, pp. 88-97.
Ortaylı, İlber (1987): *İmparatorluğun En Uzun Yüzyılı*, Ankara: Hil Yayın.
Osman, Colin (1992): „The Late Years of James Robertson" in *History of Photography* 16/1, pp. 72-73.
Özendes, Engin (1998): „Photography, the Human Image and Photographs of Children in the Ottoman Empire" in *Islamic Culture* 72/4, pp. 8-94.
Özendes, Engin (1999): *The First Ottoman Capital, Bursa: A Photographic History.* Istanbul: Yapı Endüstri Merkez Yayınları.
Özendes, Engin (1999): *The Last Ottoman Capital, Istanbul: A Photographic History.* Istanbul: Yapı Endüstri Merkez Yayınları.
Özendes, Engin (1999): *The Second Ottoman Capital, Edirne: A Photographic History.* Istanbul: Yapı Endüstri Merkez Yayınları.
Özendes, Engin (2000): „Photography in the Ottoman Empire" in *The Great Ottoman-Turkish Civilisation,* vol. 4: *Culture and Arts*, ed. Kemal Çiçek. Ankara: Yeni Türkiye, pp. 812-826.
Öztuncay, Bahattin (1992): *James Robertson: Pioneer of Photography in the Ottoman Empire*, Istanbul: Eren.
Pardoe, Julia (1967): *Yabancı Gözü İle 125 Yıl Önce Istanbul*, Istanbul: İnkilap ve Aka Kitapevi.
Paret, Rudi (1977): „Die Entstehungszeit des islamischen Bilderverbots" in *Kunst des Orients* 11, pp. 158-181.
Parsā, Bahman, Māhnūš Yazdān-Sitā (1999): *Iran black and white/ Īrān-i siyāh wa safīd.* Teheran: Kitab Sara.
Perez, Nissan N. (1988): *Focus East: Early Photography in the Near East 1839-1885*, New York: Harry N. Abrams.
Potel, Marc (1997): „Photographie et voyage en Perse" in *Cahiers d'Etudes sur la Méditerranée Orientale et le Monde Turco-iranien* 23, pp. 293-311.

Renda, Günsel (1987): „Traditional Turkish Painting and the Beginning of Western Trends" in *A History of Turkish Painting*, eds. S. Pınar, A. Mill, I. Altıntaş. Istanbul: Palasar, pp. 18-86.

Said, Edward (1978): *Orientalism*, New York: Pantheon Books.

Scarce, Jennifer M. (1976): *Isfahan in Camera: 19th Century Persia Through the Photographs of Ernst Hoeltzer*, London: Art & Archaeology Research Papers [Supplement].

Sebe, Alain (1999): *Constantine: cartes postales anciennes*, Paris: L'Hartmann.

Şeker, Nimet (2007): „Widersprüchliche Ansichten. Bilder und Bilderverbot im Islam", Qantara.de - http://www.qantara.de/webcom/show_article.php/_c-299/_nr-491/i.html

Şeker, Nimet (2009): „Grenzgänger zwischen Armenien und Persien. Sevrugian: Bilder des Orients in Fotografie und Malerei", Qantara.de - http://www.qantara.de/webcom/show_article.php/_c-299/_nr-687/i.html

Shahrestani, Rayhaneh (1987): *Iran in Days of Old (A Pictorial Record)/ Īrān-i qadīm bih riwāyat-i taṣwīr*. Teheran: Soroush.

Spurr, Jeffrey B. (2002): „Person and Place: The Construction of Ronald Graham's Persian Photo Album" in *Muqarnas* 19, pp. 193-223.

Stein, Donna (1983): „Early Photography in Iran" in *History of Photography* 4/4, pp. 257-291.

Stein, Donna (1989): „Three Photographic Traditions in 19th Century Iran" in *Muqarnas* 6, pp. 112-130.

Strauss, Johann (2001): „Les costumes populaires de la Turquie en 1873 [Turkish Title: Bin ikiyüz doksan senesinde elbise-i osmaniyye]" in *The Beginnings of Printings in the Near and Middle East: Jews, Christians and Muslims*, ed. Klaus Kreiser. Wiesbaden: Harrassowitz, p. 76 f.

Ṭahmāsbpūr, Muḥammad Riḍā (1379/2001): „Daguerrotype in the Photographic Books and Other Writings of the Qajar Period" in *Anthology of Iranian Studies/ Mağmūʿa-i maqālāt-i muṭālaʿāt-i Irānī* 5, pp. 168-189.

Ṭahmāsbpūr, Muḥammad Riḍā (1381/2002): *Nāṣir ad-Dīn Šāh, Šāh-i ʿAkkās*, Teheran: Našr-i Tārīḫ-i Īrān.

Vaczek, Louis/Gail Buckland (1981): *Travelers in Ancient Lands. A Portrait of the Middle East, 1839-1919.* Boston: New York Graphic Society.

Vaziri, Ramèche (1997): „Les premiers pas de la photographie en Perse: Une exposition et une conférence" in *Cahiers d'Etudes sur la Méditerranée Orientale et le Monde Turco-iranien* 23, pp. 311-315.

Witkam, Jan Just (1998): „Albert Hotz and His Photographs of Iran: An Introduction to the Leiden Collection" in *Iran and Iranian Studies: Essays in Honour of Iraj Afshar*, ed. Kambiz Eslami. Princeton: Zagros, pp. 276-287.

Abbildungen

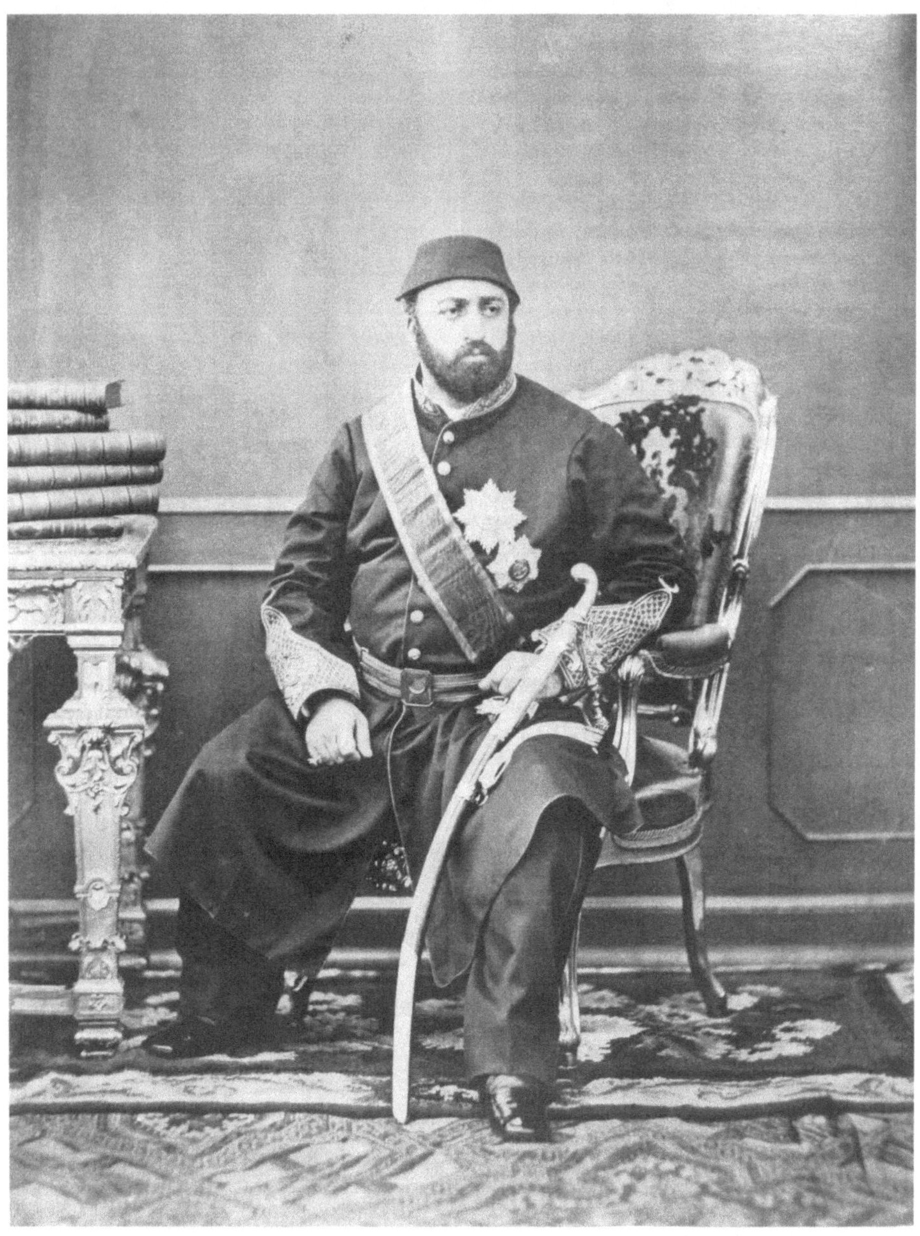

Abb. 1: Sultan Abdülaziz. Abdullah Frères, Albuminverfahren 1863.

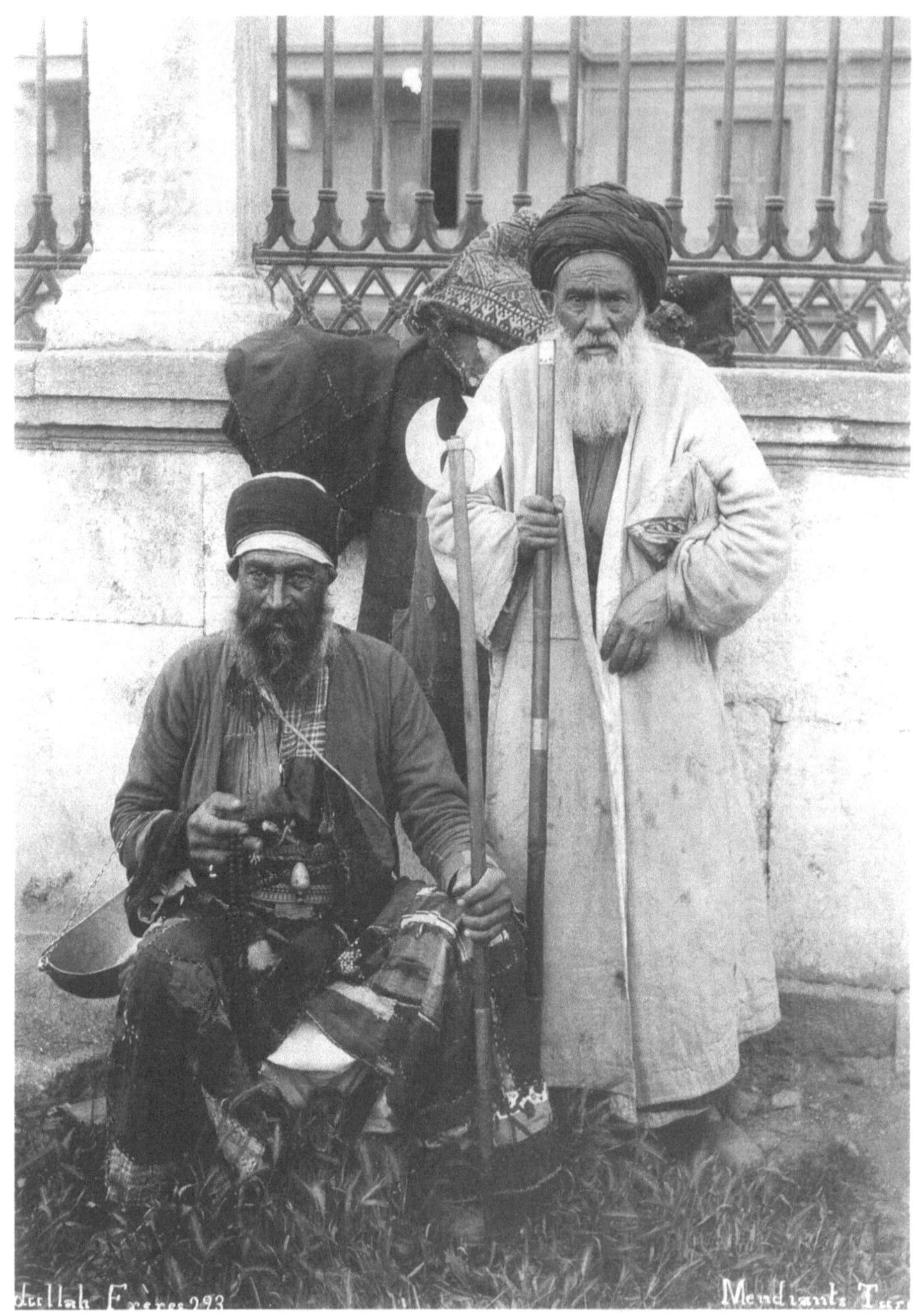

Abb. 2: Bettler. Abdullah Frères, ca. 1890.

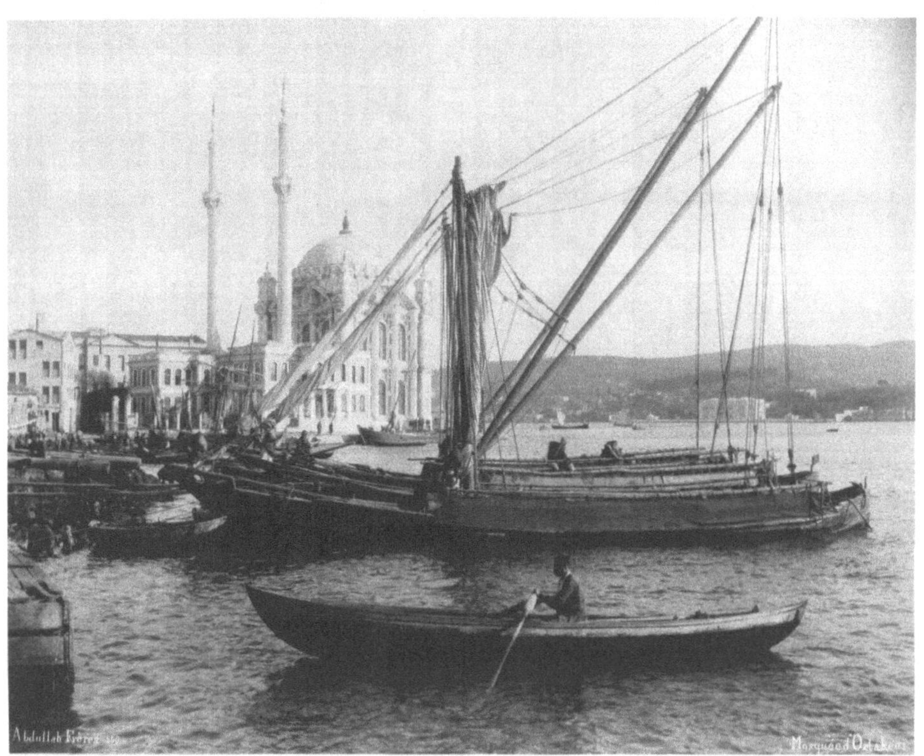

Abb. 3: Ortaköy-Moschee. Abdullah Frères, ca. 1891-1892.

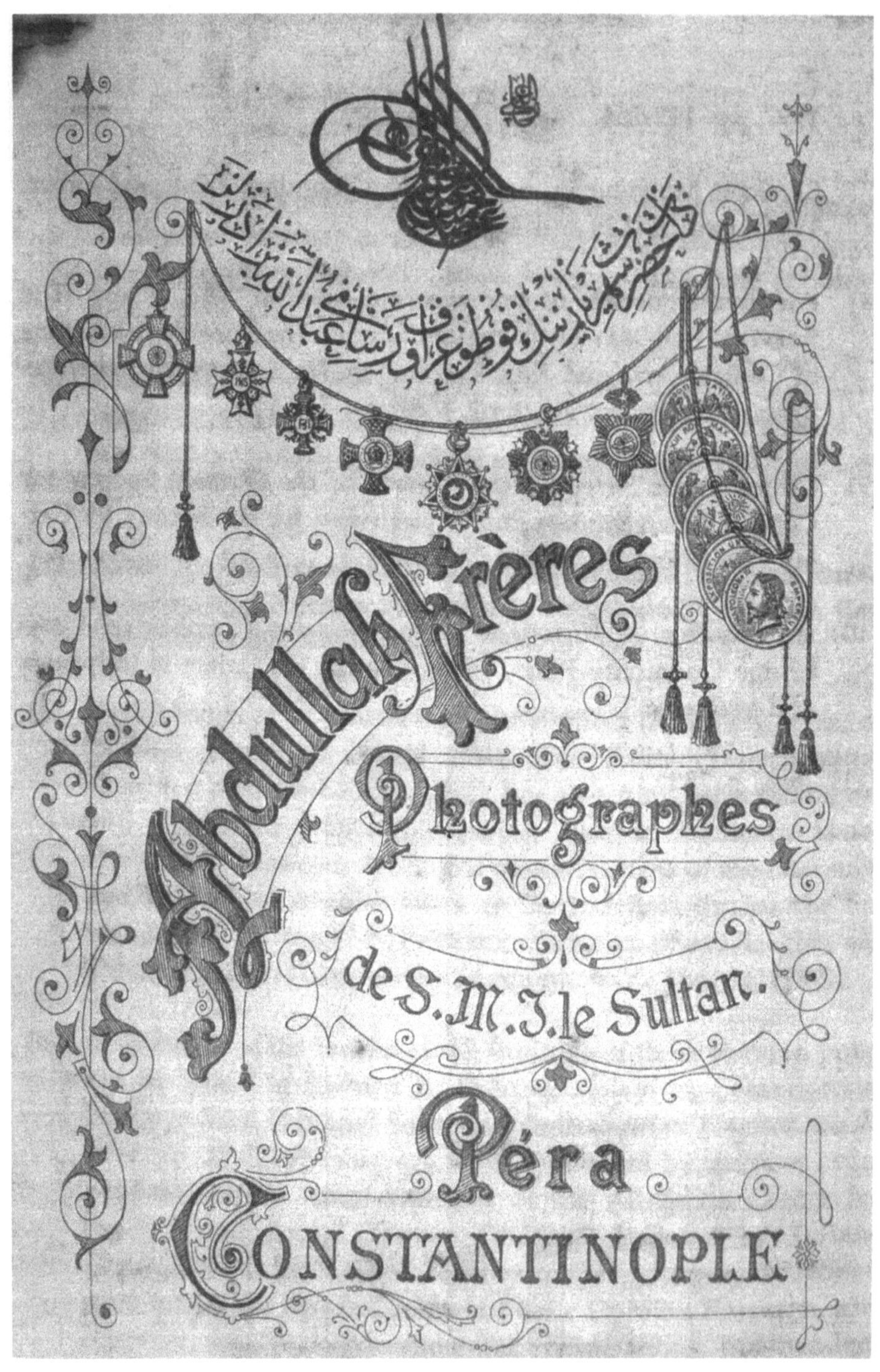

Abb. 4: Karton mit Firmenemblem der Abdullah Frères. Unter der Tuğra von Sultan Abdülhamit steht: *„Ẕāt-ı Hażret-i Şehriyārīnin Fotoġraf ve Ressamı Abdullah Biraderler"*

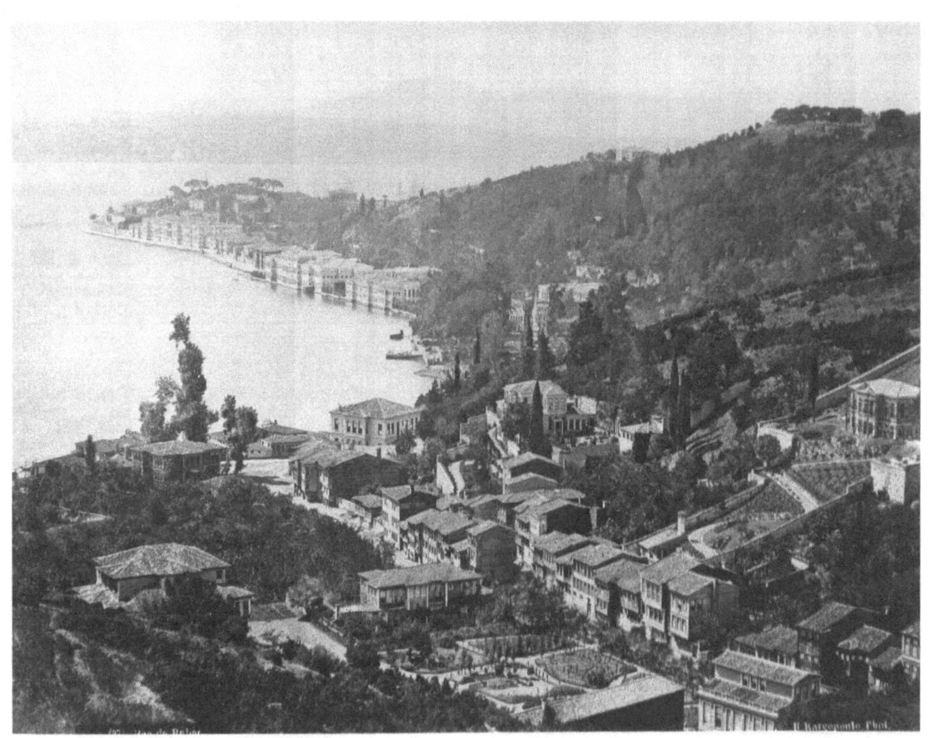

Abb. 5: Ansicht von Küçük Bebek, Istanbul. Vassilaki Kargopoulo, ca. 1875.

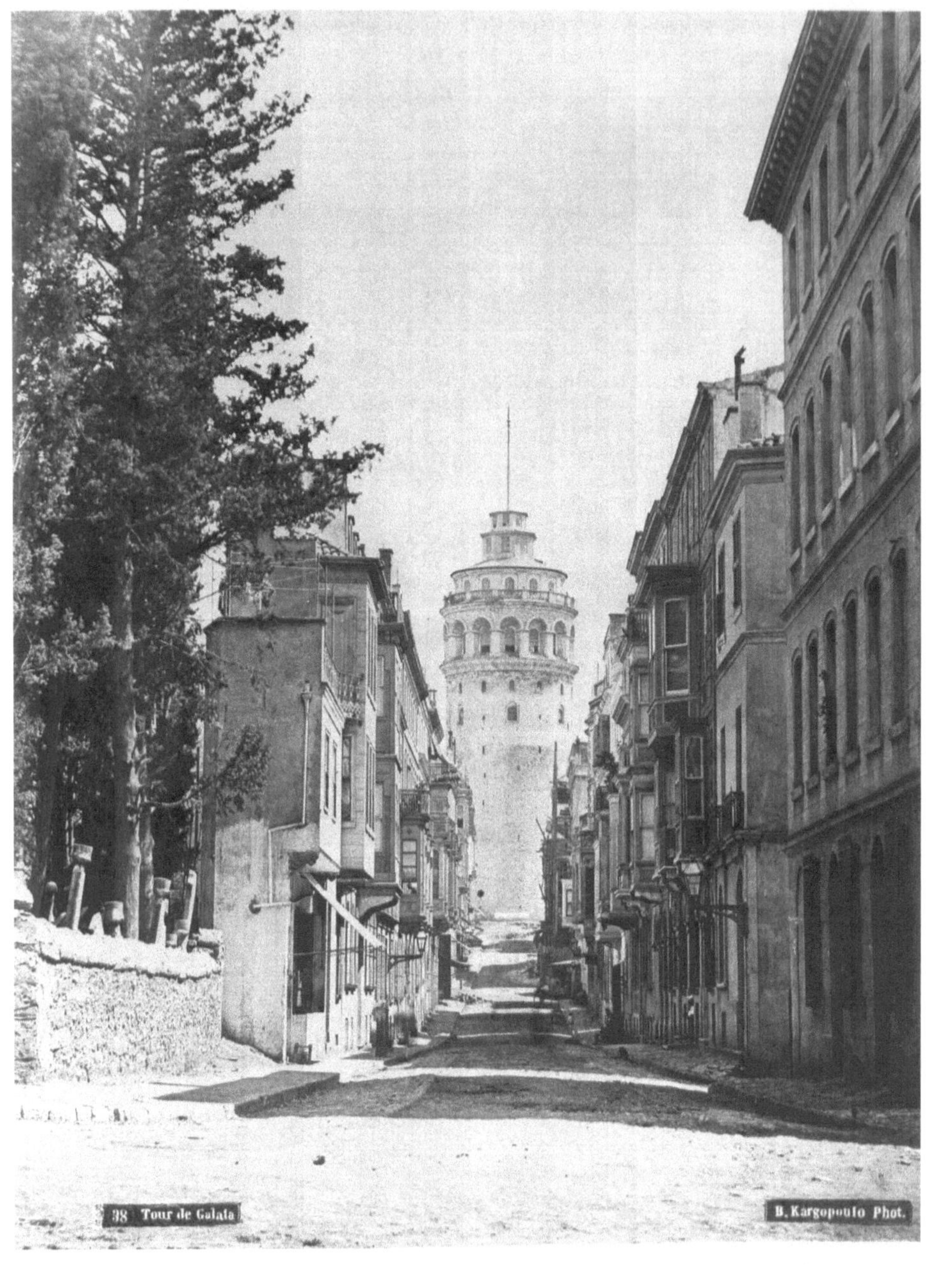

Abb. 6: Galata-Turm und Büyük-Hendek-Straße, Istanbul. Vassilaki Kargopoulo, 1875.

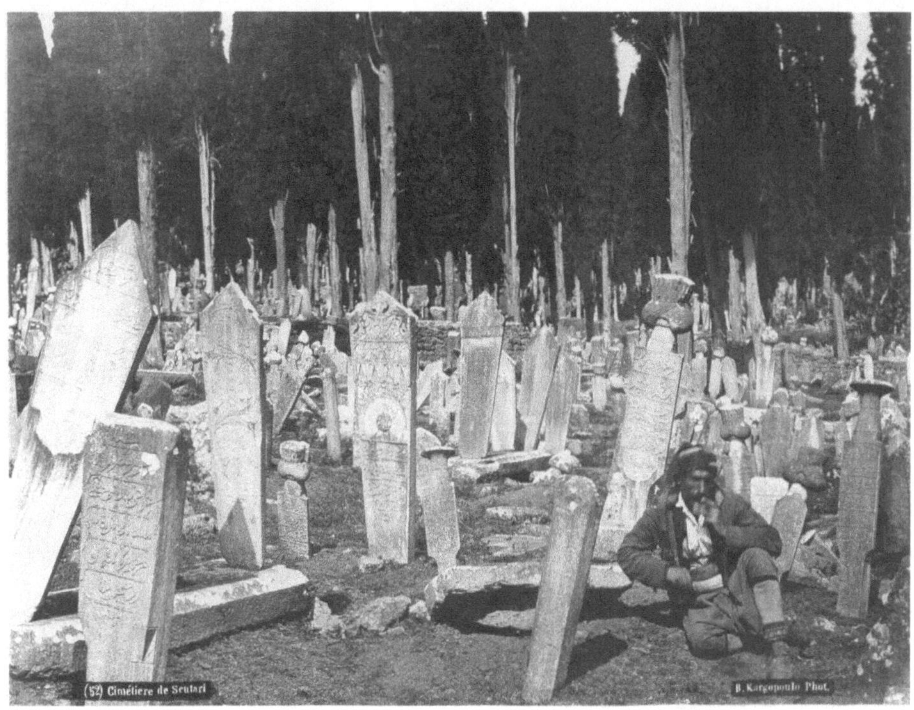

Abb. 7: Mann auf dem Karaca Ahmet-Friedhof in Üsküdar, Istanbul. Vassilaki Kargopoulo, ca. 1870.

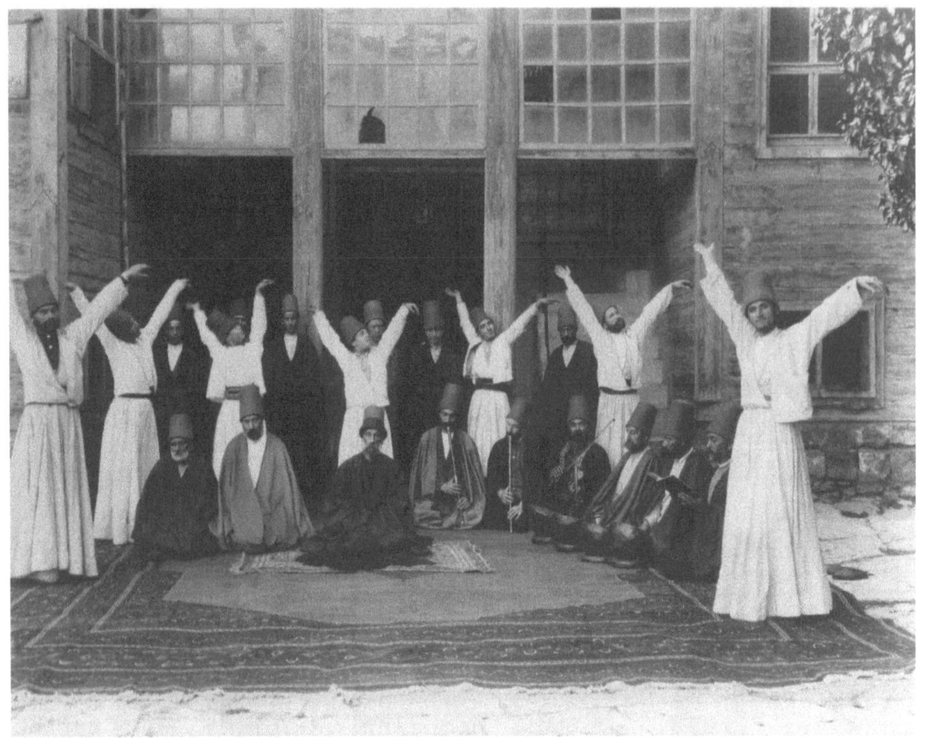

Abb. 8: Mevlevi-Derwische in der Galata-Mevlevihane, Istanbul. Pascal Sebah, ca. 1870.

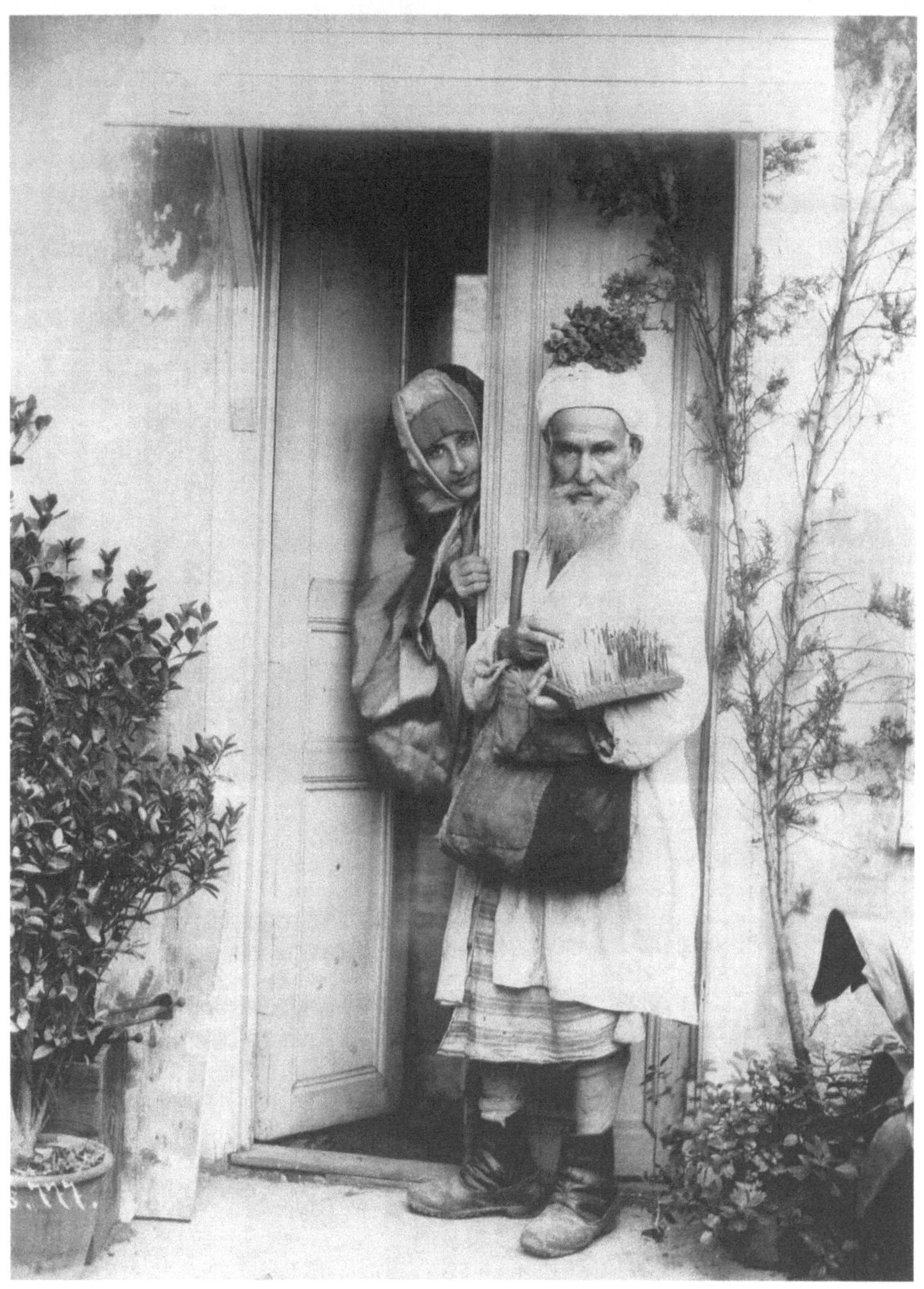

Abb. 9: Zahnstocher-Verkäufer und Frau. Sebah & Joaillier, 1889.

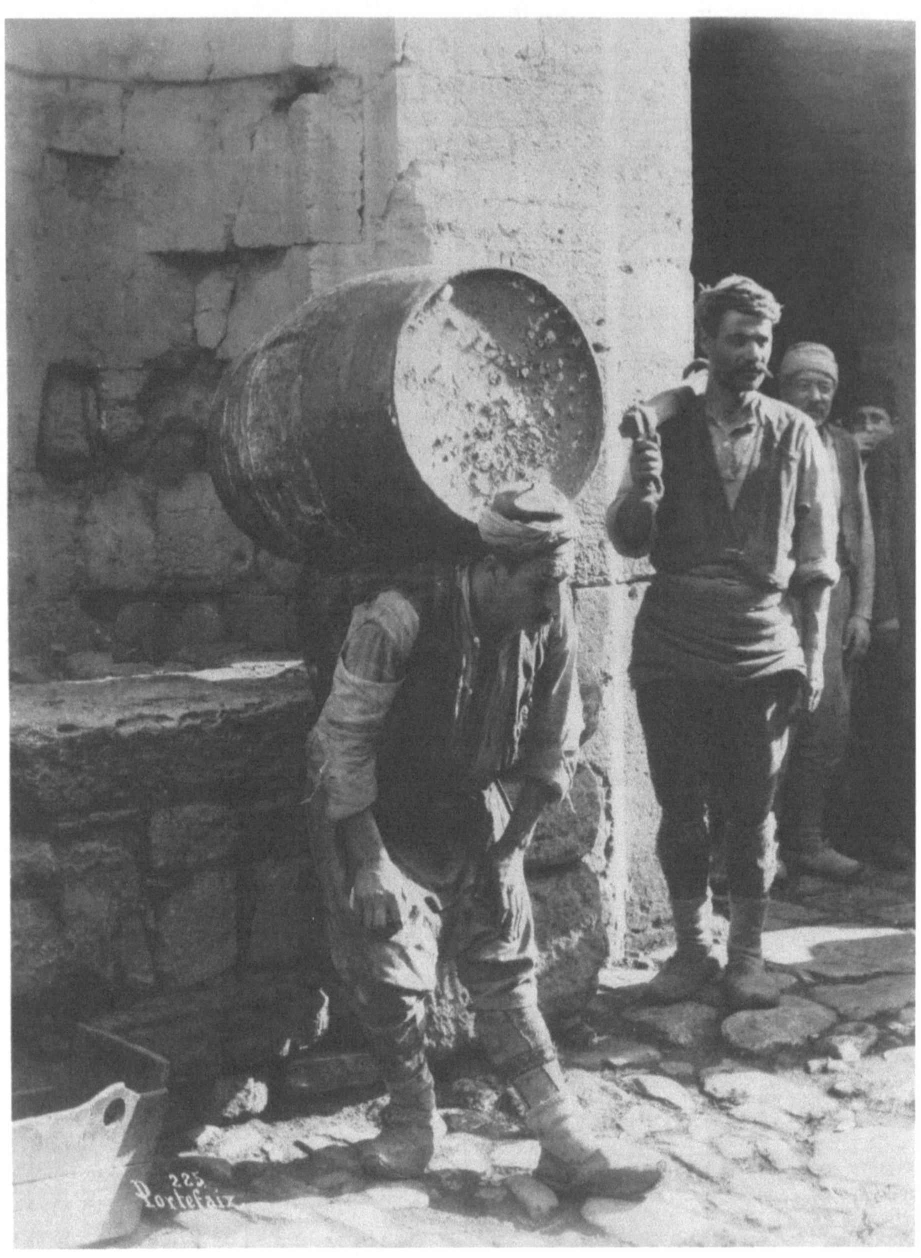

Abb. 10: Lastenträger mit Fass. Sebah & Joaillier, 1889.

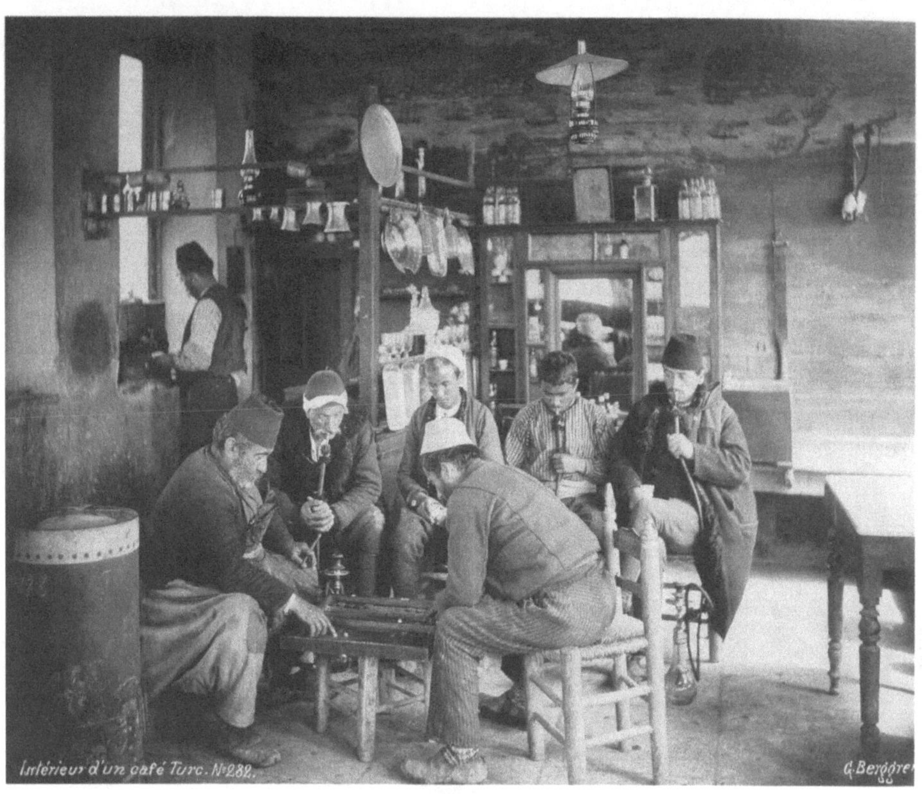

Abb. 11: Türkisches Kaffeehaus, Istanbul. Guillaume Berggren, ca. 1880.

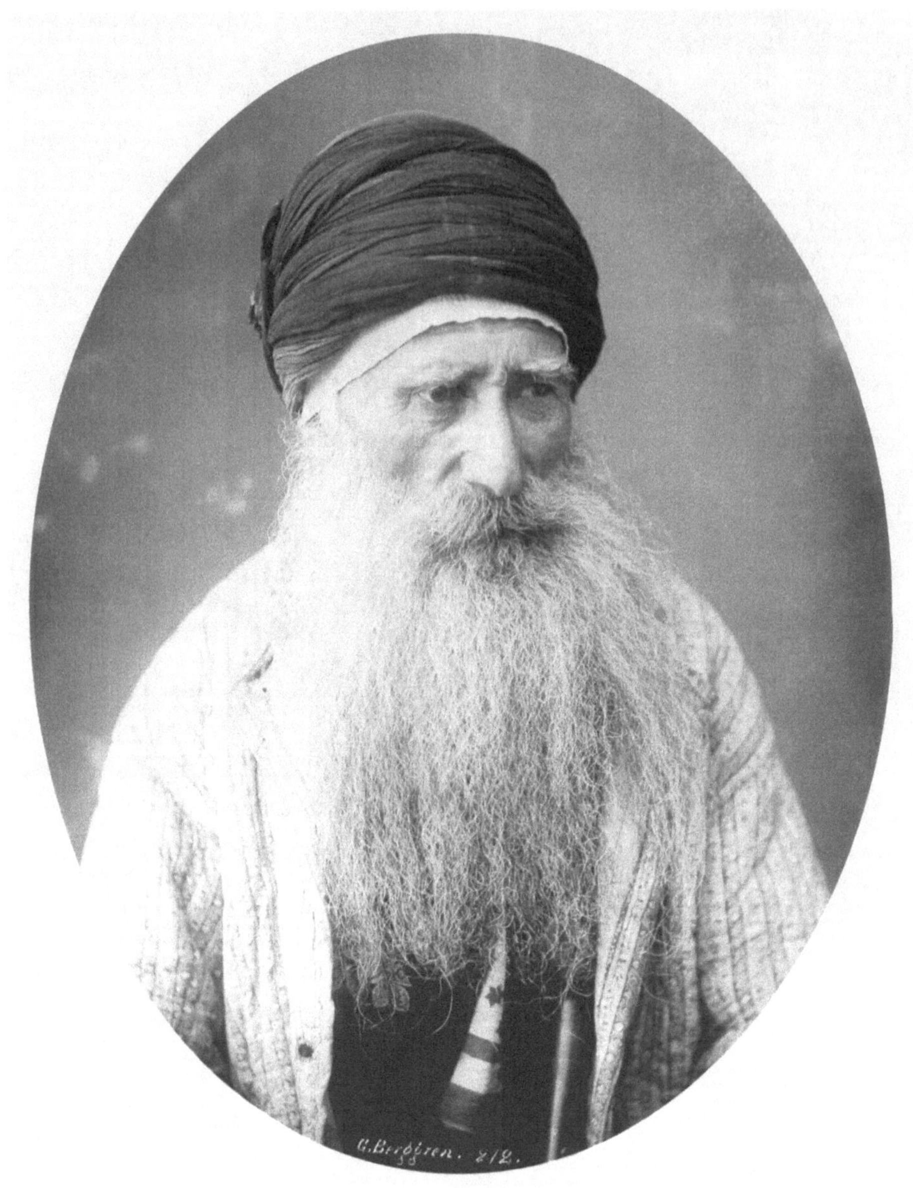

Abb. 12: Alter Mann. Guillaume Berggren, ca. 1880.

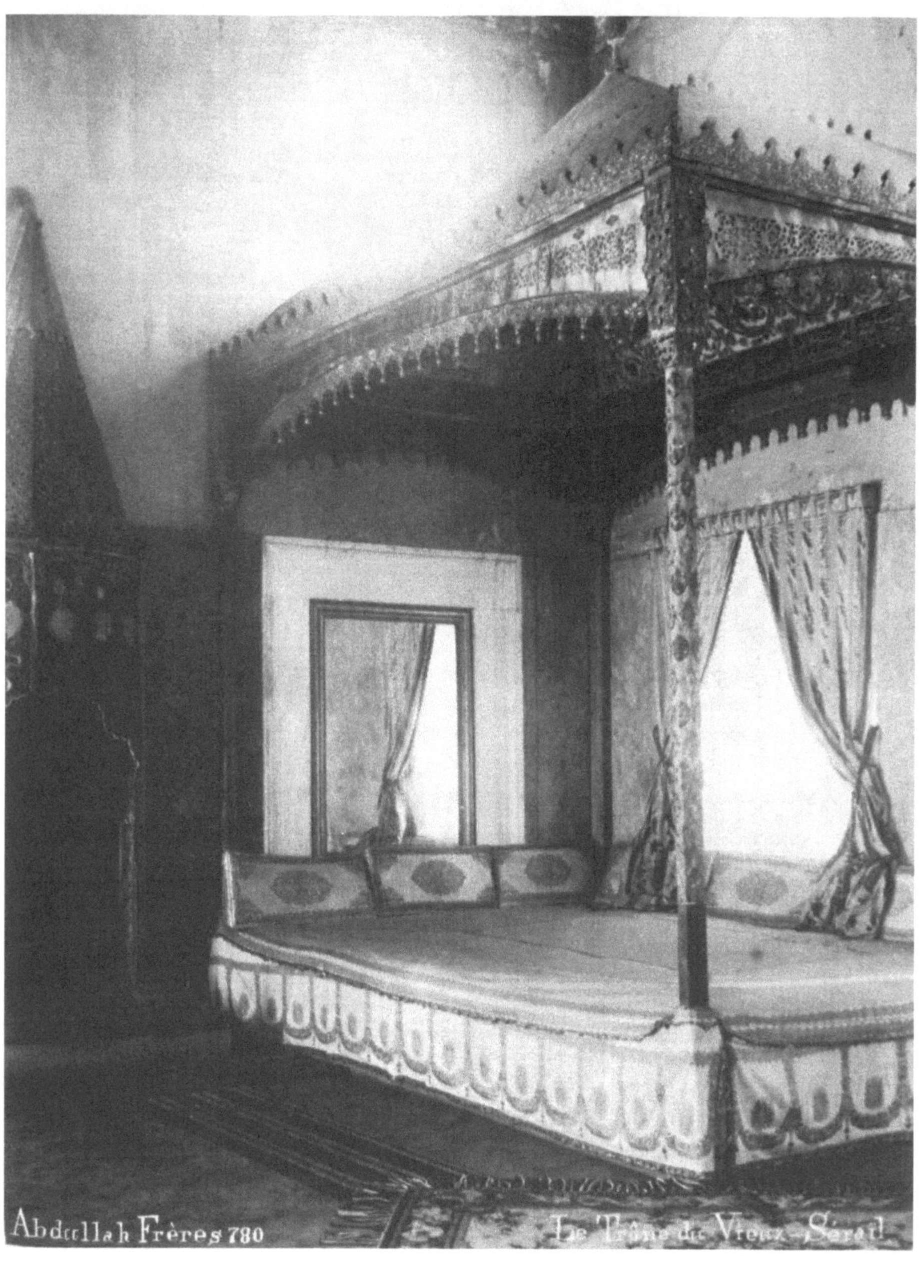

Abb. 13: Thron im Audienzsaal des Topkapı-Palastes, veröffentlicht in den Abdülhamit-Alben. Abdullah Frères, 1880-1893.

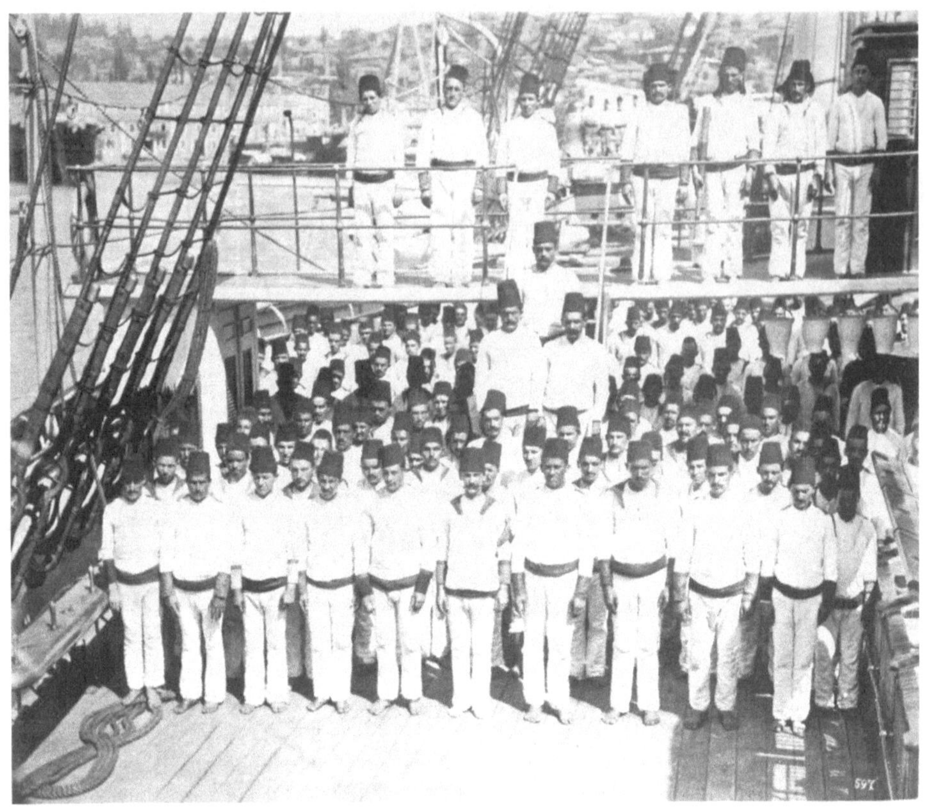

Abb. 14: Besatzung der Panzerfregatte Hamidiye, veröffentlicht in den Abdülhamit-Alben. Abdullah Frères, 1880-1893.

ARBEITSMATERIALIEN ZUM ORIENT

herausgegeben von
Werner Ende – Erika Glassen
Jens Peter Laut – Ulrich Rebstock
Maurus Reinkowski

Eine stets aktualisierte Liste der in dieser Reihe erscheinenden Titel finden Sie auf unserer Homepage http://www.ergon-verlag.de

Band 1
Kaner, Nazli
Sâmiha Ayverdi (1905-93) und die osmanische Gesellschaft
Zur Soziogenese eines ideologischen Begriffs: osmanlı
1998. 136 S. - 170 x 240 mm. Kt
€ 18,00 ISBN 978-3-932004-80-3

Band 2
Schäfer-Borrmann, Alexandra
Vom „Waffenbruder“ zum „türkisch-deutschen Faktotum“
Ekrem Rüştü Akömer (1892-1984), eine bemerkenswerte Randfigur der Geschichte
1998. 157 S. 14 Abb.
170 x 240 mm. Kt
€ 17,00 ISBN 978-3-932004-81-0

Band 3
Oberauer, Norbert
Verpflichtungskonzepte im Kalâm
1998. 205 S. - 170 x 240 mm. Kt
€ 20,00 ISBN 978-3-933563-01-9

Band 4
Dreßler, Markus
Die civil religion der Türkei
Kemalistische und alevitische Atatürk-Rezeption im Vergleich
1999. 139 S. - 170 x 240 mm. Kt
€ 19,00 ISBN 978-3-933563-06-4

Band 5
Ghandtchi, Sandra
Ein Bestseller aus der Islamischen Republik Iran
Der Liebesroman „Der Morgen nach dem Rausch“ (Bâmdâd-i Humâr) von Fattâna Hâg Sayyid Gawâdî
2001. 127 S. - 170 x 240 mm. Kt
€ 19,00 ISBN 978-3-933563-63-7

Band 6
Müller, Hans
Zur Lage der Muslime im nachkolonialen Ostafrika
Überblick und Bibliographie
2000. 65 S. - 170 x 240 mm. Kt
€ 9,00 ISBN 978-3-933563-44-6

Band 7
Brückner, Matthias
Fatwas zum Alkohol unter dem Einfluss neuer Medien im 20 Jhdt.
2001. 143 S - 170 x 240 mm. Kt
€ 19,00 ISBN 978-3-933563-90-3

Band 8
Brückner, Matthias (Hrsg.)
Fatwaindex zum Alkoholverbot, neuen Medien u.a
2001. CD-ROM
€ 10,00 ISBN 978-3-933563-94-1

Band 9
Müller-Berghaus, Nina
„Die Kommunistin mit den 40 Kleidern“: Inǧī Aflāṭūn (1924-1989)
Ein Leben zwischen künstlerischem und politischem Engagement
2001. 120 S - 170 x 240 mm. Kt
€ 19,00 ISBN 978-3-935556-63-7

ERGON VERLAG · WÜRZBURG

ARBEITSMATERIALIEN ZUM ORIENT
herausgegeben von
Werner Ende – Erika Glassen
Jens Peter Laut – Ulrich Rebstock
Maurus Reinkowski

Band 10
Siegfried, Robert
Bengalens Elfter Kalif
Untersuchungen zur Naqšbandiyya Muǧaddidiyya in Bangladesch
2001. 113 S – 170 x 240 mm. Kt
€ 18,00 ISBN 978-3-935556-64-4

Band 11
Arnold, Raphael
William Jones
Ein Orientalist zwischen Kolonialismus und Aufklärung
2001. 150 S – 170 x 240 mm. Kt
€ 19,00 ISBN 978-3-935556-66-8

Band 12
Wiesmüller, Beate
Die vom Koran Getöteten
Aṯ-Ṯaʿlabīs Qatlā l-Qurʾān nach der Istanbuler und den Leidener Handschriften
Edition und Kommentar
2002. 188 S. 16 Faksimiles
170 x 240 mm. Kt
€ 21,00 ISBN 978-3-935556-88-0

Band 13
Ruben, Walter
Kırşehir
Eine altertümliche Kleinstadt Inneranatoliens
Herausgegeben von *Gerhard Ruben*
2003. XXII/349 S. – 31 Abb.
170 x 240 mm. Kt
€ 42,00 ISBN 978-3-89913-273-1

Band 14
Scherberger, Max
Das Miʿrāǧnāme
Die Himmel- und Höllenfahrt des Propheten Muḥammad in der osttürkischen Überlieferung
2003. 153 S. – 7 Abb.
170 x 240 mm. Kt
€ 21,00 ISBN -13 978-3-89913-308-0

Band 15
Borrmann, Kai
Moschus im Tintenfaß
Düfte in der islamischen Literatur
2004. 93 S. – 170 x 240 mm. Kt
€ 18,00 ISBN 978-3-89913-332-5

Band 16
Siddons, Julian
„Die Korrektur der Irrtümer"
Mūsā al-Mūsawīs Versuch, die schiitische Glaubenslehre zu reformieren
2005. 254 S. – 170 x 240 mm. Kt
€ 35,00 ISBN 978-3-89913-378-3

Band 17
Bartholomä, Ruth
Von Zentralasien nach Windsor Castle
Leben und Werk des Orientalisten Arminius Vámbéry (1832-1913)
2006. VIII/161 S. – 170 x 240 mm. Kt
€ 24,00 ISBN 978-3-89913-499-5

ERGON VERLAG · WÜRZBURG

ARBEITSMATERIALIEN ZUM ORIENT

herausgegeben von
Werner Ende – Erika Glassen
Jens Peter Laut – Ulrich Rebstock
Maurus Reinkowski

Band 18
Eksell, Kerstin – Feldt, Laura (Eds.)
Readings in Eastern Mediterranean Literatures
2006. 251 S. – 170 x 240 mm. Kt
€ 32,00 ISBN 978-3-89913-507-7

Band 19
Devos, Bianca
Kleidungspolitik in Iran
Die Durchsetzung der Kleidungsvorschriften für Männer unter Riżā Šāh
2006. VIII/108 S., 14 Abb.
170 x 240 mm. Kt
€ 18,00 ISBN 978-3-89913-524-4

Band 20
Tillschneider, Hans-Thomas
Die Entstehung der juristischen Hermeneutik (*uṣūl al-fiqh*) im frühen Islam
2006. X/221 S. – 170 x 240 mm. Kt
€ 27,00 ISBN 978-3-89913-528-2

Band 21
Şeker, Nimet
Die Fotografie im Osmanischen Reich
2009. 100 S., 14 Abb.
170 x 240 mm. Kt
€ 18,00 ISBN 978-3-89913-739-2

Band 22
Younes, Miriam
Diskussionen schiitischer Gelehrter über juristische Grundlagen von Legalität in der frühen Safawidenzeit
Das Beispiel der Abhandlungen über das Freitagsgebet
(In Vorbereitung)
ISBN 978-3-89913-741-5

ERGON VERLAG · WÜRZBURG

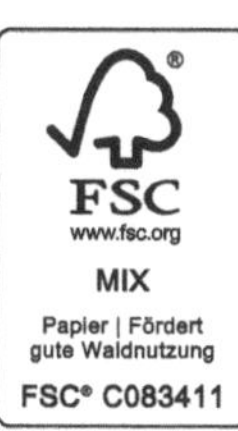

Zeitfracht Medien GmbH
Ferdinand-Jühlke-Straße 7
99095 Erfurt, Deutschland
produktsicherheit@kolibri360.de